余世存

Diamond Sutra

著

打开金刚经的世界

海南出版社
·海口·

图书在版编目（CIP）数据

打开金刚经的世界 / 余世存著. -- 海口：海南出版社，2023.11（2025.5 重印）
ISBN 978-7-5730-1053-7

Ⅰ.①打… Ⅱ.①余… Ⅲ.①佛经②《金刚经》–通俗读物 Ⅳ.① B942.1-49

中国国家版本馆 CIP 数据核字（2023）第 019774 号

打开金刚经的世界
DAKAI JINGANGJING DE SHIJIE

著　　者：余世存
出 品 人：王景霞
责任编辑：张　雪
策划编辑：何　寅　赵　龙
装帧设计：别境 Lab
责任印制：杨　程
印刷装订：北京盛通印刷股份有限公司
读者服务：唐雪飞
出版发行：海南出版社
总社地址：海口市金盘开发区建设三横路 2 号
邮　　编：570216
北京地址：北京市朝阳区黄厂路 3 号院 7 号楼 101 室
电　　话：0898-66812392　010-87336670
电子邮箱：hnbook@263.net
经　　销：全国新华书店
版　　次：2023 年 11 月第 1 版
印　　次：2025 年 5 月第 4 次印刷
开　　本：880 mm × 1230 mm　1/32
印　　张：8.75
字　　数：117 千字
书　　号：ISBN 978-7-5730-1053-7
定　　价：88.00 元

【版权所有，请勿翻印、转载，违者必究】
如有缺页、破损、倒装等印装质量问题，请寄回本社更换。

如 是 我 闻

第三章 四相
命题：若菩萨挂相即非菩萨
015

第四章 无住
为什么说无住的福德像虚空一样不可思量
021

第五章 虚妄
命题：凡所有相，皆是虚妄
027

第九章 无相
在谈修行次第时，须菩提说他如何得阿罗汉道
053

第十章 庄严
他现身说法，他在燃灯老师那里得到了什么
061

第十一章 福德
须菩提感慨恒河沙数之多
065

第十五章 持经
他预言这部经将为后世人广为传诵
089

第十六章 业障
为什么这部经能消解人的罪业
097

第十七章 无我
须菩提再次问，如何降伏其心
103

目录

第一章 缘起
他每天的修行生活
001

第二章 请法
须菩提提了一个好问题,如何降伏其心
007

第六章 希有
须菩提问,后世众生能生信心吗
033

第七章 无为
为什么说一切贤圣皆以无为法
041

第八章 依法
所谓佛法即非佛法
047

第十二章 尊重
为什么说此经如佛塔庙
071

第十三章 受持
须菩提请教这部经的名称
077

第十四章 离相
须菩提大受触动,一时涕泪悲泣
083

第二十一章 说法
若人言如来有所说法，即为谤佛
129

第二十二章 无法
须菩提问他是否得到了某种大彻大悟方法
135

第二十三章 净心
他对须菩提说，天下皆知善法为善，斯不善也
141

第二十七章 断灭
他对须菩提说，不要以为诸法断灭
169

第二十八章 贪着
为什么说理想主义者不受福德
179

第二十九章 威仪
理想主义者无处不在
185

后记
211

大事因缘世纪年表
223

第十八章 同观
他有肉眼、法眼等眼睛吗

第十九章 法界
福德无故才能在法界通化

第二十章 色相
须菩提认为对老师的色相不必想当然

第二十四章 福智
为什么说持诵此经的福德很大

第二十五章 化吾
凡夫之人以为有我

第二十六章 法身
命题：如以三十二相观如来者，转轮圣王即是如来

第三十章 合相
为什么说对不可说者不可说

第三十一章 知见
存有知见的人不会理解理想主义

第三十二章 应化
他告诉须菩提如何为人讲解这部经典

第一章

缘起

他每天的修行生活

如是我闻。他的弟子阿难将如此陈述他的观感,如是,如是,其中说的客观吗?其中说的主观自大吗?只是我闻如是,这里面有如心的恕道,有谦卑。阿难忠实地传达了我们的精神,阿难就像他的影子一样追随他、观察他、成全他。他也因追随而能庄严利乐,能示范平易的物理和健康的人情。

事实上,如是,即是我们对存在于世间这件事的信心。如是是一种认识,也是一种态度。我们在认识这个世界的时候,能跟这个世界分开吗?如果我们的性命有所变化,这个世界还是此前的样子吗?如果世界突然有所改变,我们还能固守此前的自己吗?如是就在其中发挥了作用;如是,才是我们和这个世界相联系的说法,也是我们和这个世界的本质。只有在这样的本质面前,"我"才能诞生出来,并多少有所闻见;"我"也才能跟世界相看不厌地明了彼此联系的边界,并相互成全。

他知道东方的哲人也观察到了这一现象,所以他们不厌其烦地如是谈论,"乘马班如,泣血涟如""赍如皤如,白马翰如""突如其来如,焚如,死如,弃如""如切如磋,如琢如磨"……"如"在他们心中似如歌的行板。他还知道那个伟大的哲人是如是我闻的典范:"子之燕居,申申如也;夭夭如也。""与下大夫言,侃侃如也;与上大夫言,訚訚如也。"他多次如是谈论:"祭如在,祭神如神在。""不能正其身,如正人何?""知之者不如好之者,好之者不如乐之者。"……哲人身体力行的正是他们经常说的皆大欢喜地信受奉行啊。

如是我闻。这个存在的东西并非由某个人代言,并非这个人或那个人能精准地表述,而是属于至高无上的力量。我们与闻的也并非能精准地抵达与闻的那个东西,道可道,非常道;我们闻见的只是如是而已。因此,如是我闻本身就是一种信念,是一种态度,它甚至比《奥义书》中的"Om"(唵!)和《圣经》中的"and God said"更平实、亲切,我们在如是我闻中体验自己与世界的关系,其中有崇高的悲剧感,有同在的温情感。

他也知道在一些地方有着过于严厉的、严重的时刻,如在那里几乎是看不到的。他们只有是非、罪恶的两极,他们只有一个字——是,is!是的,直截了当!要么抵达、捕获,要么丧失、死亡。这样的简洁又是一个问题。To be, or not to be! This is a question!他知道那个王子念叨出这句话的意义,但他这个曾经的王子远离了这一个"是"的人生。他不断地言说如是,是的,如是住,如是布施,如是受持,如是信解,如是观……

这是一个寻常的日子,他和他的弟子们在舍卫国祇树给孤独园落脚,他喜欢舍卫国的首都舍卫城,城中的90万人足够供养他们,也足够他们布施。说到他的弟子们,有1250人之多。这其实不算多。他知道东方的那位圣者教授弟子,其数"弟子三千,圣贤七十二"。在我们这个时代,在人们都依附于现实的关系时,他们能够结缘,站在人世的边缘地带,去解决自身的问题,进而帮人们解决他们的问题,这是一个非常勇敢的行为,非大丈夫不能为也。

这种觉悟,使他在弟子中间有了巨大的威望,他们尊称他为觉者、导师、佛、世尊、如来等名号。但是,在世人眼里,他又是多么奇怪的人啊。每当他到舍卫城找饭吃的时候,知道的人说他在化缘,不知道的人说他在讨饭。有些知道他的人还对他指指点点,那个曾经的王子沦落到这个地步了,靠讨饭混日子,还有了一群追随者,组成了乞讨团伙,真是丢人现眼。追随的人再多,不还是一个要饭的吗?

这些话,于他早就是风过耳,无动于衷。或者说,他每天听听这些声音,知道自己活在世人中间。我们每天修习功课,忍辱,是必修的功课之一。我们的心是极端敏锐的,只要你回心于身,就会知道每天的日子,身心经受过多少考验啊。

这一天,他和1250位弟子在祇树给孤独园修行。到吃饭的时间了,他穿好衣服,拿好他的饭钵,这就是持戒啊。用东方圣人的话说,这就是道啊。人们总结说,"食其时,百骸理;动其机,万化安"。我们在该进食的时候进食,该行动的时候行动,这就是道,是律法,是持戒。

他到舍卫城化缘,按规矩,他们要不分别对方的贫富善恶,依次乞食，一家一家地化缘，这一家拒绝了，他们到下一家去。这里面就有忍辱啊。施主给了他们布施，反过来他们也布施给了施主，他们化缘也是结缘，他们激发了施主的善心善念，这就是布施了。他要到了足够果腹的饭食，回到祇树给孤独园，他吃完饭，收拾了饭钵，把手脚洗干净。这就是精进啊。

他收拾好了自己，盘腿而坐。这就是禅定啊。定而能慧。人生的慧命生发出来，它就能随机应对，应缘说法。他和弟子们在这里禅修，很多交流非常重要，其原因就来自慧命的自我展开。当然，这是了解他们的说法。那些不了解他们的人，就会说这是一群叫花子吃了一顿饱饭后扯淡，穷开心。他想，人们说得也对，我们确实是开心的，我们身具性命，心开天籁。

第二章

请法

须菩提提了一个好问题，如何降伏其心

布施、持戒、忍辱、精进、禅定、智慧，这每天的日课都能给我们的前行提供实在的资粮。他想，我能做大家的老师，无非是我先走了几步。前行让他的心越来越安静，常听到有人比喻说他的心像镜子一样，这是真实不虚的。他的心就是镜子，或者说像宁静的湖水一样，能映照世间的一切。

当他盘腿坐在这里，闭目养神，1250位弟子也陆续化缘归来。他们吃完饭，有的学他打坐，有的窃窃私语，有人想跟他说点儿什么又不知道如何开口。如果没有人出头，这1250人将很快安静下去，大家各自静坐用功。如果有人出头，这1250人也将安静下来，大家听闻事件和道理的展开。他知道这个时候需要一个能提出好问题的弟子，这个问题和他的应答将使1250人的注意力集中在一起。

这个念头一起，弟子须菩提就跳到他的心里。须菩提智慧过人，他对人世乃至大千世界的空无属性有很深的理解。须菩提在弟子们中间跃跃欲试，他知道须菩提想到了一个关键问题，须菩提会提出一个好问题。

果然，须菩提从他的坐处起来，他很恭敬地行礼，这个仪式让大家安静下来。须菩提说："老师是天底下少见的导师，弟子们知道老师是最爱护我们的，最善于教导我们的。对于世上的人，那些善男信女，如果他们发心向善，包括我们在内，应该如何住心，如何降伏那些纷扰的杂念？"

这确实是一个好问题，他称道须菩提："问得好啊，须菩提，就像你所说，我是最爱护弟子的，最愿意护念大家的。你们仔细听着，我为你们说说这个问题。那些善男信女，如果发心了，就这么住心、这么降伏杂念。"

他说了一个最简单的事实：答案就在问题之中。当你提问发心时，你的心就已接近甚至跟那个发心合一了，那么住心、去除杂念也就迎刃而解。这不是机锋，而是事实本身。当我们布施时，我们在心里举意，一定要坚持布施；当我们在外面，突然想到要改变自己，等等，这些至真、至美、至善的发心是多么好啊，在这些心念泛起的时候，仿佛我们自己脱离了身体的障碍，脱离了心性的低级趣味，变成了一个非常纯粹、非常高尚、非常美好的人。

须菩提说:"啊,老师,是这样啊,我们都乐意听您的解答。"或许须菩提抵达了他的答案,须菩提只是想听到更多,须菩提也代其他弟子要求他展开。他确实需要展开。

其实我们每个人都有这样的经验。

我们都曾经发心发愿,比如见到施主善良的一面时,我们也油然生发了要更加努力向善的心思;我们到外地游方时,会想到回到家中必将换一种活法;在这片炎热的大陆生活难以记事,我们经常想到要记下流逝的时间和历史;看到有人在一种规律的日子里朝气蓬勃,我们也希望自己有能坚持日新自新的功课……这些心思,如大象,如牛马,如蛟龙,如鸡犬,虽然给我们是时的安慰,但它们随后便被丢失,甚至在我们追寻时,这些心思像有了毒性、野性一样难以驾驭,像大象一样发狂,难以调御。我们的身心经常处于心猿意马、躁动不安的状态,经常会如羊入歧路,或鸡犬不宁。我们的心思经常丢失,那时的我们会忙碌地杀掉时间、耗掉空间，那时的我们会忘记自己身处何时何地，不知今夕何夕。

我们都曾经发心发愿。是的，很多人都会对自己的发心有一种无可奈何的感伤，因为它们可望而不可即。他看到后世一位伟大的人道主义者如此说："我在年轻时也曾经做过许多梦，后来大半忘却了，但自己也并不以为可惜。所谓回忆者，虽说可以使人欢欣，有时也不免使人寂寞，使精神的丝缕还牵着已逝的寂寞的时光，又有什么意味呢，而我偏苦于不能全忘却……"是的，怎么能忘掉初心和梦想呢？那些发心发愿，是我们做人或过日子的意义所在，即使我们又陷入因循的日子中去了，我们仍会记得自己曾经美好过。

那些做人或过日子的发心和梦，其背后有无上的正等正念，用世人的话说，具体的计划背后有一个纯粹、高尚的理想。我们曾经都是理想主义者，是理想的化身。每一个孩子都是理想的大宝藏，但这些童年无意拥有的，又是成年的我们苦苦寻找却难以找到的。那个波罗蜜世界本来属于我们，我们只是在时流里恍然发现波罗蜜在可望而不可即的彼岸。

我们都曾经有过重拾理想或梦想的时光,有渡河到彼岸的愿望。但我们多半坚持了几天就又回到习气当中去了,或说我们的心思又放逸到别处去了,我们在漂流的人生路上。所以东方的圣者会总结说,"学问之道无他,求其放心而已矣"。他的弟子须菩提的这个好问题,也就是求放心,如何坚持理想,如何不忘初心。

如前所说,我们偶尔又想起了曾经的发心,我们想起了自己的初心,这个想起的瞬间,又让我们无限地接近甚至与发心、初心合一,我们感觉自己的整个身心都超凡脱俗,变得清净、精神、富丽。但这个瞬间又难以保持,转瞬即逝,之后我们又逝入世俗之流中去了。如果须菩提明白这个瞬间,并念念住此生心,他就能够一直跟精神合一。

生命的初心、最初的看见,确实是可贵的。他看见后世的一个诗人谈论彩虹时说:

我的心怦然跳动,当我看见

一道彩虹挂在天空。

在我生命之初就是如此情形,

而今长大了是同样的反应。

当我终老时仍会天人相印,

如不如此,就让我去死。

孩子是成人的教父,

我希望这天然的朴素和真诚

能贯穿我的今生今世。

——[英]威廉·华兹华斯《我的心怦然跳动》

第三章

四相

命题：

若菩萨挂相即非菩萨

真的，当我们想起曾经发的誓言，想起当初的理想、当初的决心，我们的心思就回来了。就是说，当你提出这个问题时，你已经有了问题的答案。当你问我如何安心、如何降伏其心的时候，你的心已经属于你，属于无上境界。

他的弟子须菩提没有接茬，须菩提没有捅破这一瞬间，也许须菩提认为在场的同修同学多，老师说的这一点远远不够。须菩提说："是这样的，但我更乐意听听您老人家怎么展开。"

他确实需要展开。弟子们的情形有普遍性，就像芸芸众生一样。众生从生命形式而言，有卵生的、胎生的、湿生的、化生的；从形色上来说，有有色的、无色的；从思维感觉而言，有有想的、无想的、非有想的、非无想的。这些众生，他都能提供答案，教导他们安顿解脱之道。这么多的众生得到了解脱，但其实没有什么众生是从他这里得到解脱的。就是说，他帮这些众生解脱了，事实上又无众生是因他得解脱的，因为他不能替众生去走他们的解脱之道。众生，生来有理想、有目标，就是对世间全然的经验、安顿和解答，但很多众生背离了初衷，把眼前的事物当目标，从而终其一生难得解脱。如果有前行者、有导师指引，他们会牢记理想，精进努力，早日获得安顿。

导师很重要吗？重要。他想，我很重要吗？我其实没那么重要。如果我以及众多有心安顿众生的导师、大菩萨有了这种我相、人相、众生相、寿者相，那么我们就不是导师、菩萨。就像西方的圣人苏格拉底所说，他只是一只催人前行的牛虻而已，他只是帮人完善自我的助产士而已。遗憾的是，两千多年后，人们仍要热议，谁之正义合理，启蒙者是谁，以及先知何在，这一类的话题。

因为被追随，他有了权威。他的权威到了成神成圣、被信仰的层面，就有很多人因听他的名声而解决问题，这是所谓的因名称义。还有人因为仅仅信仰他就以为解决了问题，这就是所谓的因信称义。他确实让这些人得到了答案，但他并不认为这些人是从他这里得到的答案，这些人也不应该认为他们是从老师那里得到了答案。

为什么这样说呢？如果这些人认为他们是从老师那里得到了答案，他们就仍只是凡夫俗子，他们其实没有得到答案。他们的表现无非是到处卖弄：老师是这么说的，老师是那么说的，等等。这些人并没有得到安顿，他们在圈子里听到的再多也只是贩卖，学到的再多都是学舌。老师的经历和答案就像一本书，学舌贩卖的只是其中若干条金句。真正要做的，是把那本书从第一个字读到最后一个字；真正要做的，是去重复老师走过的道路。只有这样，才能多少有所收获。但绝大多数人不会这么做，他们只是在圈子里忙于接受和贩卖流行的信息。

李杜文章万口传，众生的意义之一在于认出并尊重这些道德文章，但如沉溺其中，甚至等而下之，拜时人为偶像，那就是人性的灾难。我们常见的是，众生乐在其中地传播，某人最近说过什么什么，好像因此我们的人生得到了升华，内心得到了答案，得救了，有优越感了。但事实上，我们真有这样的优越或解脱吗？我们如有了我相、人相、众生相、寿者相，我们就不是菩萨,我们并没有得道。

他为此提出了公理般的命题:若菩萨有我相、人相、众生相、寿者相,即非菩萨。就是说,如果一个理想主义者有了自我、他人、众生、永恒一类的神情或心思,他就不是一个理想主义者。

他这一部分说的正是大乘境界最正宗的智慧。

第四章

无住

为什么说无住的福德
像虚空一样不可思量

"再说,须菩提,我们经常说,一个菩萨、一个理想主义者,他是自度度人、自觉觉他的,菩萨应该慈悲、担当、布施、同事,但你以为他度人布施是要讲什么条件吗?不是的,一个优秀的理想主义者不会看对方的脸色,不会看对方的相貌,不会听对方的声音,总之,他是无住布施,他不住于相。

"为什么理想主义者不讲条件,因为讲条件地布施,有机心地积德行善,其效用是非常有限的。只有不讲条件地布施,其福德才是不可思量的。经验也告诉我们,一旦有了机心去做好事,好事所形成的喜悦之气氛好像也受到无形的约束;而一旦放开心怀去布施,我们的心胸似乎跟大千世界一样广阔,这就是无住布施的福德。"

他跟须菩提说:"须菩提,请你往东看,东方的天空虚而广大,那方浩瀚的世界你能思量,能把握住吗?"

须菩提回答:"老师,不能啊,我思量不了。"

他再跟须菩提说:"请你再看看南方、西方、北方,四维上下,这些浩瀚的世界你能思量吗?"

须菩提说:"不能啊,老师,我思量不了。"

他说:"我们菩萨行事,无住相布施,其福德就跟四维上下的虚空一样不可思量。须菩提,一个理想主义者,就应该这样无住布施。"

其实他说的妙行无住,不仅指对外界的判别,就像世人说的"万花丛中过,片叶不沾身";而且也指我们自身的心性,我们不执着于那正在实现的心思。经常有人用"赠人玫瑰,手有余香"来勉励行善,但这种励志言行就是住相了。用东方圣人的话,这种心思就是有了机心,"机心存于胸中,则纯白不备;纯白不备,则神生不定;神生不定者,道之所不载也"。就是说,有机心的人不是一个纯粹的人,不是一个理想主义者,不是菩萨。

他的弟子们对他说的不可思量显得不可思量。其实,数学是他们的长项,有些聪明的头脑早就清楚数学能够证实他的话语。菩萨等理想主义者无时无刻不处于精进修行之中,这种精进修行日积月累，其效用本来就是像四维上下的虚空一样不可思量。

世人曾以每天进步百分之一来勉励大家，一年下来后，其成绩是不进步者的三四十倍。这一惊人的功效被称为数学的复利原则。还有一个流传甚广的故事，一个棋手跟国王下棋，国王问他想要什么奖品，他要求赢棋后的奖赏是每个棋格放上递增数目的米粒，从第一格到第64格，第一格放1粒米，之后每一格的米粒数是前一格的两倍。国王不以为意，我们大多数人也不以为意，以为总数顶多是几千粒米，但国王的会计师算出来的总数是18,446,744,073,709,551,615粒米，大约重460亿吨。

在他看来，菩萨的精进、理想主义者的理想，已经脱离了有形的物质利益，进入光明的层面，菩萨和理想主义者像光明一样温暖照亮了周围。"千年暗室，忽然一灯，暗即随灭。光遍满故。"物理学家证实，质量一旦成为光，其能量是惊人的。后世的爱因斯坦用质能方程：$E=mc^2$精确地描述了质量和能量之间的当量关系。这就是不可思量！

再说，我们都有这样的经验。

我们经常陷入某种暂时的正确之中，这个正确既是有限的又是局部的，即使时移势易，我们也乐此不疲。我们从希腊回来的时候言必称希腊，从美洲回来的时候言必有美洲，就像阿Q从城里回到未庄，张口闭口城里人如何如何。那些信奉天道的人要替天行道，而信奉佛法的人又以佛法无边来骄傲于世。这些人的身心顶多驻留在天道、佛法的一隅，还未能登堂入室，或越过天花板，欣见三千大千世界的蓝天白云。

我们经常会沉溺于某个游戏，陶醉于某种境界。真正的智者或得道者一再告诫我们不要执着，因为玩物者必为物所玩，陶醉者必为陶醉的对象宰割。

所以说，对于某种东西，我们一定要有无所住而住的心态。

第五章

虚妄

命题:

凡所有相,皆是虚妄

他和弟子的问答告一段落，他基本上解答了弟子的问题。大道至简，有关发心、理想初衷的问题本来就如此简单明了。但是，弟子们正听得入神，他不忍如此结束，就再次引入话题，希望弟子们从理想主义的境界中解脱出来，不要以为理想主义者写在脸上，写在人的神情相貌上。

他问须菩提："你觉得，你能通过我的身相见到永恒的如来吗？能通过一个人的外表就说见到了菩萨或理想主义者吗？"

须菩提回答："不能，老师，我们不可以通过身相见到如来。老师所说的可见的身相，就不是如来的身相，不是永恒的如来。"

他很满意须菩提的回答。是的，如果通过外在的身相就能识别一个人——他是菩萨、是理想主义者，还是儒雅之士，那么这种身相也会成为一种职业。就像我们化缘，必须有化缘的衣钵一样，但如以为有了化缘的衣钵就是修行者、布施者，那就大错特错了。就像人们说，那个人像教授，这个人像老板，那个人像官员，而且是级别低的或不低的官员，这就是职业而已、身份而已。这种神情相貌或装扮下的人未必是其所是，他们真的是像教授所是的学问吗？他们真的是像官员所是的正义和秩序的维护者吗？

相确实重要，相是世界呈现的形式。但相又是有限的，因为相的形式一旦教条，相就呈现不了世界。如果穿衣服露出右肩的就是劳动者，那么那些好逸恶劳的人也会假装自己是劳动者；如果善良者说话有礼貌，那些礼貌也会被人利用。相反，人的丰富又哪里是若干相所能束缚的呢？有些扫地的人说不定是绝世的武功大师，有些打工者说不定是数学的痴迷爱好者和研究者，有些生于深宫之中长于妇人之手的王子说不定是大千世界的感受者和承担者……人们说，"以貌取人，失之子羽"。人们还说，"人不可貌相，海水不可斗量"。

我们都有这样的经验：看到权威了，我们就以为他是真理的化身。平时我们也会抒情说，某某人是某种精神的人格化身。但是，我们都知道，一个人要念念相续地保持一种精神，何其艰难；一个人要时刻活在理想之中，何其艰难。日常的生活、七情六欲的缘分起灭，不断地把我们拉入现实的情境中去。如果以为庸常日子中的人也是权威、理想的化身，那就错得离谱了。

所以，如果以身相见菩萨，见理想主义者，那么我们极容易上当受骗。他知道后世有人会穿上修行人的服装招摇于市，他还知道后世会有人贩卖理想，贩卖情怀，会有人言说道理。这会带来一个权威、偶像泛滥的市场，权威、偶像大行其道，借信众而遂其私，就像世人说，因为世人接受偶像崇拜，所以偶像们乐得把他们当韭菜。

他如此苦口婆心地教导弟子要理解菩萨或理想主义者的本质。必须破相破执，如果人们有偶像崇拜，必然会有歧视，会有自我标榜、自我神圣化一类的事件发生，必然会有势利，有贪婪。就像世人说的，狗眼看人低，或跪舔想当然的权威。有些人字里行间都写满了慈悲、良知、正义、理想，但他们并非慈悲者、良知者、正义者、理想主义者。

他为此第二次提出公理般的命题：凡所有相，皆是虚妄，若见诸相非相，即见如来。就是说，所有的外表都是虚妄不实的，只有透过现象寻找本质才能接近本质。

第六章

希有

须菩提问，后世众生能生信心吗

他的话让弟子们有些不解,他是不是太挑剔了?他希望弟子们理解真正可贵的信念,破相破执,不要从外表去评判菩萨或理想主义者。那么大家会不会因此增加生活的难度,人们对人生、社会会不会丧失信心?

即使破相破执,人们仍需要导师、同类,需要有精神的呼应。如果没有导师,没有同类,这世间该多么寂寞啊。他自己何尝没有这样的体会,弟子舍利弗与目犍连辞世后,他就会有无边的伤感,以至于弟子们传说他说过这样的话——"舍利弗和目犍连入灭后,我觉得这样的集会,犹如虚空……"谁说太上忘情呢,东方的圣者在其弟子去世时也恸哭失声!而他身边的阿难,就是在他和众弟子先后辞世之后,看到世风日下,众生愚钝难以教化救度,而选择了主动辞世。

在一个偶像泛滥的时代,一般人都希望自己有幸见到真佛、真正的偶像,人们希望有一个现实的偶像成为自己的楷模。如果听说拜偶像的行为是非常虚妄的事,人们还能葆有对人生、对社会的信心吗?不要说普通人,就是我们这些修行者也容易着相,并因为着相而难以自拔。比如听到有人说你着相了，你本能地反感而非闻过而惊，即使知道自己错了，也不一定会闻过则喜，精进正信。所以说，破相破执是重要的。

果然，须菩提问他："老师，芸芸众生，如果听见您老人家这样的说辞，还能生发出实在的信念吗？"

他断然接住须菩提的话："不用怀疑。你莫要这么说，也莫要这么想。即使你和在座的弟子们怀疑我的话，但天地间仍有人不会怀疑，他会从我的话中受到启发，生实信心。

"即使我寂灭之后，比如说五百年，或多个五百年的后世，在世风日下、世道人心沦陷绝望之时，还会有持戒修行、广布福德的人，看到、听到我说的这些话，会生起信仰之心并以此为真实不虚。有人会奇怪，那片贫瘠的土壤上怎么能出产那样正信的人呢？要知道，这个人绝不是在一佛二佛三四五佛那里种下过善根，而是在无数的大德、善知识那里种下过善根。如同我们看一个孩子，有的孩子听父母的话逆反，听权威的话迷信，听老师的话将信将疑，这就没有种多少善根；有的孩子遇到父母恭敬，遇到父母的朋友恭敬，遇到陌生人也恭敬，这就是不于一佛二佛三四五佛种诸善根，已于千万佛所种诸善根。这样的孩子即使在一个残酷的时代仍会怀抱希望，生起信心。

"就像冬天，万物萧条之际，仍有花朵开放，那些花果固然在冬天里显得惨淡，但它们不同样显得壮烈、贞定、大信。它们的善根早在春天、夏天就已种下，所以在冬天人心转折之时仍能如期开放，信守大道，以贞下起元。所以说，那些伟大的理想主义者，那些伟大的信徒，他们听到我的说辞，能在一念之间就生起清净信心。一般人以为某个人的慧根或天生的正念，多半是出于偶然，是其父母的幸运；却不知道这种偶然里有必然的时空消息，是过去时空中的能量积累而成。"

他跟须菩提说："对这类人，我是既全知又全看得见他们的存在。我知道那些善根深厚的修行人，能够有这样无量的福德。为什么这样说呢？因为这些人是伟大的理想主义者，他们没有自我意识，没有他人的角度，没有大众的群体思维，没有永恒或长寿不朽的想法。他们没有有为的想法，也没有断灭的想法。换句话说，他们既非积极，也非消极。为什么这么说呢？这些人如果心里有了坚持理想、行菩萨道一类的想法，他们就着相了，就成为自我、他人、众生、永恒中的一部分。如果他们取积极用世，他们着相；如果他们取消极用世，他们还是着相了。所以说，不要执着于有什么方法，也不要执着于没有什么方法。"

他想，这样跟须菩提说，不知道须菩提听懂了没有。

对于那些想求得无上智慧境界的人，对于那些想求得无上智慧心境的人，他的这些话未必管用，因为智慧之心不是求来的，而是修来的。要修一切的善行、一切的功德，才能成就无上的智慧。这个智慧是悟得的，是持戒、修福而来的。是的，守戒累积起来，加上诸恶莫作、众善奉行的修福，才能真正得到大福报的大智慧。

对于这样的人，他是了解的，悉知悉见。准确地说，是佛、菩萨、理想本身了解他们。这些人跟天地精神、跟人的大圆满相通了，他们这些人就有这样的福报。为什么这么说呢？因为这些人不着相了,所以他们的心思不为相所牵挂,而只是跟天地精神相往来。

所以说,不要着相,也不要执着于有什么方法。

他对弟子们经常说的话是,你们这些追求理想的人啊,应该知道他的说法,就像船只的比喻,船是用来渡人的。既然渡过了河,就应该扔掉船。说法一旦度了你们,你们就应该扔掉说法。如果执着于我有船渡河,我有说法度人,那么你实际上没有渡过河,你实际没办法度人。

他对弟子们说,那些有用的说法都可以扔掉,何况那些没用的说法呢?他听说,最高明的剑师教弟子剑术,把所学倾囊教授之后一定会考查弟子,他忘掉那些剑法了吗?他忘掉了多少?只有舍弃掉这有数的剑法,世界上无数的剑法才能随时呈现给他,为他所用。

对大多数人来说,有法甚于无法。这也是为什么那些最神圣之法一旦呈现,人们就要如是信解,如法受持。但大多数人并无这一信守力行的功夫,他们没有这种功夫,沉沦在眼前的困局里而无能自新。比如发蒙，人们经常问，这人发蒙了吗？那孩子发蒙了没有？但很多人不知道发蒙是与自己相伴一生的功课，没有发蒙的功夫，人们就在生活中为各种假象所蒙蔽。每一天都需要我们发蒙，没有发蒙，这一天就没有光明，就会是因循的、阴暗的、怠惰的。

所以对大法，一定要信解受持，才能得到安顿或解脱。他看见千年后西方的一个总统，他想解放他的人民，议员们为此吵成一团，最后他说服大家："先生们，所有的直角都是相等的！"是的，所有的直角都是相等的！对这样的公理，一旦知道，我们就应该信解受持！他看见千年后东方的一位女皇，她在他的经书上感叹："无上甚深微妙法，百千万劫难遭遇。我今见闻得受持，愿解如来真实义。"

第七章

无为

为什么说一切贤圣皆以无为法

弟子们似乎都在苦苦思索，好像是为该记住他的说法还是该忘记他的说法而纠结不安。他乘胜追击。他问须菩提："你觉得怎么样，我这个人得到无上智慧了吗？我对大家有什么说法了吗？或者说，我这个话是理想主义者的话吗？我的理想有所示现吗？"

他提这些问题是强调无得，智慧也好，理想也好，并非外在的可以求得，它是我们内在的东西，是我们生命中固有的东西，它一直在我们生命之中，等待我们去生发，去显明。他提这些问题也是强调无说，万法皆空，他说过法吗？请不要执着有什么教条、方法。一般人都有这样的经验或想象，以为老师有学问，是大道学问的化身，老师说的话就是真理和方法。一旦发现老师的世俗一面，我们又容易幻灭、失落，所以他说要认识到无得无说。他在世上说法的时间也就四十多年，到最后他跟世人告辞时会说：我未说着一字。

智慧、大道、理想是不能教授的，东方的圣人虽然劝世人说"不如坐进此道",但正如一个做车轮的老木匠体会到的——"得之于手而应之于心,口不能言,有数存焉于其间。臣不能以喻臣之子,臣之子亦不能受之于臣,是以行年七十而老斫轮"。

一切的理想,如果不是建立在宇宙的空无基础上,而是建立在世界的现实关系中,它就不是理想,它就只是计划、测算、预算。一切贤圣,正是从终极的空无中起步,他们以无为法,在人生社会中的示现大同小异。正如东方的圣哲对宇宙大化流行着眼于易一样,只有变易才是不易的,才是简易的。而我们谈论的空无正是如此,只有空才能不空,才能色空;只有无才能不无,才能空无,才能有无。

须菩提回答:"如果按我理解老师所说的话,没有固定的某个人、某个现象叫无上智慧,也没有固定的方法让老师来教大家去获得无上智慧。

"为什么这样说呢?老师所说的方法,都不可取,不可转述。既没有定法,也不是没有定法。为什么这么说?一切贤圣,都以空无作为某种方便法门，只是他们之间有些微差别罢了。就是说，其他得道的老师都是有学问的，只不过学问程度不同罢了。就像弟子们，都以老师的说法为入门，但他们进入后的收获有程度高低的不同。"

他很满意须菩提的回答。在他看来，须菩提在回答中提出了一个有意义的命题：一切贤圣皆以无为法而有差别。就是说，贤圣、理想主义者都是以终极为基础、为法则，这个终极就是空，就是无，就是东方诸夏流行的无极，就是西人想亲近的最高主宰。理想主义者必然取法于宇宙的无极，而非立足于现实的国家、部落、性别、地域等有限的事物，立足于后者的人只能说是拜物主义者，是功利主义者，是自以为是的狂妄自大者，是无法无天的破坏者。

如果国家、部落、性别、地域这些有限的事物左右了我们，那我们就如同渣滓在水中没有沉淀。混浊的水是难以悉知悉见世界的，只有当它无限地澄明，抵达空无，世界才能清楚地为它所知所见。真正的理想主义者也是这样，它以无为法，但绝不虚无，而是最大限度地把握了世界。如同天空，"天空一无所有，为何给我安慰？"

在这样的澄明中，他听到了东方圣人的吟诵："孰能浊以止，静之徐清？孰能安以久，动之徐生？"（《道德经》）他还看到数百年后西方的人们吟诵着虚空的诗篇：

虚空的虚空，虚空的虚空。
凡事都是虚空。
人一切的劳碌，就是他
在日光之下的劳碌，有什么益处呢？
一代过去，一代又来，
地却永远长存。
日头出来，日头落下，
急归所出之地。
风往南刮，又向北转，

不住地旋转，而且返回转行原道。

江河都往海里流，海却不满。

江河从何处流，仍归何处。

万事令人厌烦，人不能说尽。

眼看，看不饱，耳听，听不足。

已有的事，后必再有。

已行的事，后必再行。

日光之下并无新事。

岂有一件事人能指着说，这是新的。

哪知，在我们以前的世代，早已有了。

已过的世代，无人纪念，

将来的世代，后来的人也不纪念。

—— 出自《圣经·传道书》

第八章

依法

所谓佛法

即非佛法

他似乎对法空掉得太厉害了，对法否定得太多。其实，方法仍很重要，知识仍很重要。在历史上，每当一个地方的精神世界有所匮乏时，他们中一流的圣哲都会向外求助。当中国的知识演进难以反映世道人心的需求时，无数的大德开始了数百年、上千年的求法历程，那一段段到西天取经的路程都是一个个感人的故事。

没有敬畏和向善之心，我们怎么能安顿自我和他者呢？我们的智慧、理想都是这样依法而生发的，对世界抱有尊重、敬畏和信任。对我们来说，一切至高无上的智慧都是从佛法生出的智慧。正如西方的圣人说，敬畏是知识的开端，智慧乃是从信仰而生发来的。东方的圣人则说，在知止知定的原则、方法中生出智慧。

他问须菩提："如果一个人用满世界的七宝进行布施，这个人的福德是不是很大、很多？"

须菩提回答："是的。老师，我理解福德跟福德的精神特性有所区别,所以说他的福德是多的。"

他又对须菩提说:"如果还有一个人,他对我们今天的课程有所了解,或者对我们讲的四句偈原则有所了解,再去广而告之,劝导人家,解脱了人家的烦恼,那么,这个人的福报,比布施三千大千世界七宝的福报,还要来得大。为什么呢?因为我们现在正在问答交流的内容,以及不断总结的四句原则,都是我们智慧的示现过程,它本身是经典,也可以说是世间的公理,一切佛法、最高的智慧,都依从这个经典所揭示的方法生发出来。而我们所说的佛法,一旦都知道是佛法了,它就不是佛法了,它只是暂时借用了一个佛法的名称而已。"

他知道他在这里指明了智慧或理想的可贵,用佛法的观念来说,一切有形物质的布施可称为财布施,而无形的精神布施则是法布施;财布施很重要,它甚至是基础,但法布施的福德更要胜过财布施。但是,如果一个人明明有财,却宣称自己只是做法布施,只传播理想,那么这个人并无福德。财而不施只讲法,是无法无福。正如民间讽刺所说："青青之麦，生于陵陂。生不布施，死何含珠为？"

我们经常看到，一个人虽然衣食无忧，却并不独立，他们像是愚钝不堪，总是人云亦云地学着别人的样子过生活；因为他们以前只注意生计，能够奉献，却与大道、大法隔膜，与大经、大典失之交臂，所以他们的现在或说今生愚迷而难以安顿。还有的人，聪明至极，说什么都头头是道，但他们的生活穷窘不堪，能维持就不错了，这就是因为他们的前世或过去只注意道理，日常生活过于吝啬。

在某种意义上，法布施确实是理想主义大同小异的说法。法布施是否纯粹，理想是否真诚，天知，地知，自己的心也知道。如果我们的理想纯粹，我们首先是能对自己有益。那些如饥似渴投入理想事业的人，那些把闻思修行当作每天食粮的人，他们的福德首先是益于自己的身心。所以庄严，所以利乐。用理想主义者的话说："十目所视，十手所指，其严乎。""富润屋，德润身，心广体胖，故君子必诚其意。"

我们每个人都有这样的经验，在人生的某时某地，有过起心动念，这一起心动念让我们清净、干净、纯粹，让我们瞬间进入至高的智慧心境。之所以如此，也是源于我们对凡俗世界的超越，对天地间的精神有所认识。这个天地精神，就是智慧之法源，就是理想之根基。所以我强调依法出生的智慧和理想，智慧和理想绝不是凭空而来，绝不是想象一下就能生成的。

智慧和理想是从天地间的道法中来，而不是从世间的权力、财富、知识、观念而来。曾经有一个人，从工人做到厂长，后来又做到市长，最后做到国王。他对一个艺术家的作品评头论足，艺术家说他不懂艺术，他说他还是一个工人的时候是不懂艺术，他还是一个厂长的时候也可以说不懂，但他现在是国王了他就懂艺术了。这个国王的悲剧就在于他以为自己拥有了权位就拥有了智慧，后世的人也将流行一种观念，以为拥有了权位、财富，就拥有了智慧和理想。

而一个真正的理想主义者无所畏惧，真正的理想主义者都符合他今天所讲解的经典精神，都从这部经典的精神中生成。有一个理想主义的富翁曾经说过，即使大家把他身上的衣服剥得精光，一个子儿也不剩，然后把他扔到沙漠中去，只要给他一点时间，只要有一支商队从他身边路过，那要不了多久，他就会成为一个新的百万富翁。这就是理想主义的福德。

第九章

无相

在谈修行次第时,须菩提说他如何得阿罗汉道既然说了依法而生,他也得解释一下修行的次第。修行者有次第,每一阶段都有一个名相,但人们不能执着这一名相。执着这一名相,会迷失本心,不能真正见性开悟。对于佛法的名相、人自身的名相都不用执着,其他的名相更是如此。

跟任何一个领域的学习修行都有阶段性成果一样,佛法自然也有阶段性,修行者的开花结果,初果名为须陀洹,二果叫斯陀含,三果叫阿那含,四果叫阿罗汉。每一果位都有严格的界定,但并不能把这一界定当作终极,须菩提正是从其界定中破相破执的。当一个人修得须陀洹果位时,他不能心里松一口气,以为自己已经修得了须陀洹果位。因为须陀洹名为入流、入门了,但实际上你有什么地方可进入呢?"色声香味触法"都不能进入啊。

我们都有这样的经验,很多人都想实现财务自由,有车有房,进入有车有房、财务自由的世界,他会想,我修成正果了吗?住进大房子就安心了吗?没有。他的人生还在路上。

还有这样的现象,一个年轻人特别想逃离农村的家,不想过农村的生活。他日积月累地做准备，终于到城市工作、学习，他能说我已经是城里人了吗？

入门的方式千差万别。给孤独长者的女仆的女儿般娜，听《狮吼经》后证得初果须陀洹，给孤独长者解除了她的奴隶身份，她就出家修行，最后证得了阿罗汉果。女弟子中布施第一的维沙卡，她希望公公弥伽罗能做点儿好事，弥伽罗不以为然，以致要赶走她，当她请他去给她说法时，弥伽罗躲在帘幕后面听他说法，当场证得须陀洹果，并说要像敬母亲一样尊敬维沙卡。他的弟子诺酤罗父和诺酤罗母作为在家的修行者，可以说是最出色的夫妻典范，他们见到他的时候，诺酤罗父顶礼他的双足，称他为"亲爱的儿子"，问他为什么这么久了不来探望他们，他当场为他们说法，让他们都证得了须陀洹果。

入门大多是一个个动人的故事。就拿舍利弗和目犍连来说，他们在皈依佛法前就已经是优秀的修行者，他们诚实地知道自己仍有不解的东西。有一天，舍利弗在外面遇到他的弟子马胜，舍利弗看到这个修行者的神情举止特别令人羡慕，猜想马胜的老师肯定了不起，就问马胜老师教他什么妙法了，在舍利弗的一再请求下，马胜回答："诸法因缘生，诸法因缘灭，我师大沙门，常作如是说。"舍利弗听到之后，一下子得了须陀洹的果报。当目犍连看到归来的舍利弗神情愉悦，问他有什么收获，舍利弗把马胜的话讲给目犍连听，目犍连让舍利弗重复一遍，完全领悟了其道理，也一下子得了须陀洹的果报。最后他们都来拜他为师，成为佛法的大宣传者、大护法者。

至于二果斯陀含，这一果位的意思是还有对来处的义务。当一个人修得斯陀含果位，这个果位表明这个人在天上人间还有一往来的工作，如果他心里想我只要一往来就完成任务了，这么想肯定是有问题的。就像那个到城市的年轻人说："我顶多再回一趟农村的老家，我就尽完义务了，我就解脱了。"他真的能解脱吗？

当一个人修到阿那含果位，就是长揖人间，不再有业力要他回人间了，他能如释重负地说自己是阿那含吗？就像那个年轻人回了一趟农村老家，把该还的人情还完，从此真正告别了农村生活，他心里真有解脱吗？

当一个人修到阿罗汉果位，心地清净光明，他能说自己是阿罗汉吗？显然，当他说自己是阿罗汉的时候，此一说法如同渣滓进入他心里，他的心就不再清净光明了。

他记得漂亮的玛甘迪小姐被拒绝后自以为耻辱，总想找机会报复我们。而他对她的父母说法后，她的父母都证得了阿那含果位，他们出家后又证得了阿罗汉果。女儿的做法从此跟他们无关。还有那被疯牛顶死的普库萨提，曾经贵为国王，但因为对佛法深信不疑，他死时已经是证得了阿那含果的圣者。

漂亮的柯玛王后曾经自负美貌，在他向她示现时间次第中的美貌和衰老时，她受到极大的触动。在他向她说法时，她很快证得须陀洹初果，当他的第二段说法结束的时候，她已经跳过斯陀含阶段，直接证得阿那含果，并且随后出家修行了。

这些闻思修行的阶段，就像后世读书的学位一样，只是一个方便、一个符号。我们不能为其绑架或受其影响。如果我们获得了硕士学位，总停留在硕士的名分上，我们见博士就自卑，见学士就傲慢，那么我们就不再是什么读书人。所以他告诫弟子们不能执着名相，否则就不再是什么修行人，更别说理想主义者了。

一个理想主义者，只要专注于理想，是很快就能进入心地光明的阿罗汉境界的。目犍连皈依后，时经一月，就证得阿罗汉果。迦叶是八天后就证入阿罗汉境地，是诸弟子中最无执着之念者。富商的女儿帕达卡莉接二连三地遭遇亲人死亡，她为失去人生的依靠而几乎疯狂，他一句话点醒了她："多生以来你因为失去亲人而流过的泪水比四大洋的海水还多，所以亲人子女都不会是人生的依赖，你为何还在放逸？"她一下子入门，证得须陀洹果，后来出家精进，在一次休息前用针拨灭油灯的瞬间得见光明，证悟阿罗汉果。从事低贱职业的苏尼塔曾经见到他无地自容，他把苏尼塔领入佛门，苏尼塔后来证得阿罗汉果。贱民苏帕卡差点被豺狗吃掉，被他救了后证得须陀洹果，后来他为苏帕卡母亲说法时，苏帕卡母亲证得了须陀洹果，苏帕卡证得了阿罗汉果。……

一个理想主义者，没有贫富高低，只要他坚持理想，他就能进入心地光明的阿罗汉境界。就像他身边的弟子阿难，被称为多闻第一，阿难太记得他的说法了，以致修行上难以到位。在他辞世后，迦叶尊者主持会议，商讨整理他的说法，迦叶认为必须有证得阿罗汉果的499位修行者参与才可，当然，因为阿难长期在他身边，听到的最多，记得最牢，也要参加大会。阿难在举行结集前的一夜彻夜禅修，终于赶在结集前证得阿罗汉果，成就了整500位阿罗汉的殊胜缘会，这次结集因此又被称为"五百结集"。

在他这样迅速地扫视修行的果位和众弟子时，须菩提以自己为例，跟他分享感受："老师，您经常称叹我，说我得了无诤三昧，又赞我是人中第一，是第一离欲阿罗汉。然而，我看看自己，对于阿罗汉，我没有丝毫感觉，没有沾沾自喜。我若有这样的意识,我若有这样的沾沾自喜的心思,老师就不会说我是无诤、寂静的乐阿兰那行者。在我看来,阿罗汉的四个果位,都属于化城,都是修行路上的一个链条、一个环节。如果我们有丝毫的在意,我们就给自己套上了锁链,而失去了方便。说到底,它们都不是我们的归宿。"

第十章

庄严

他现身说法，
他在燃灯老师那里得到了什么

他要现身说法,什么是真正的庄严佛土。

我们一般以为庄严佛土在别处,就像有人感叹的,生活在别处。东方的文人们以为,世间无乐土,桃花源在世外。这样的心理,使得不少人会对他乡想当然,把边陲地带、异国他乡当作宜居之所。有人甚至以为外国的月亮也比本国的月亮圆,就是有这样虚幻的想象。

他想起自己的老师,他问须菩提:"你觉得,我当初在燃灯老师那里得到佛法智慧了吗?"

须菩提说:"您老人家在燃灯老师那里没得到任何法。"

是的,他在老师那里学习,但根本智慧、理想精神不是老师可传的,那是不可说、不可取的。

他又问须菩提:"菩萨有庄严佛土吗?"

须菩提在这里做了一个判断:"庄严佛土者,即非庄严,是名庄严。你一旦有庄严佛土的心念,就说明不佛土、不庄严了,我们如此说,只是假借一个名字称为'庄严'而已。"

他认可弟子的回答。事实上，我们对世界的想象——乐土、天堂、地狱、佛土、不佛土，都在我们身心之中，都是固有的东西。只要我们不妄自菲薄，我们的身心净土就能庄严利乐，我们的理想就能加持我们的身心。但一旦我们自鸣得意，自以为庄严，我们就丑陋、不再干净，甚至肮脏不堪。

他接着须菩提的话说："你们这些大菩萨都是优秀的理想主义者，你们知道一切相都是虚幻的，只有如是观，才能生无上正等正觉的清净心。任何物质表象都不应该绑架你们，你们也不应该为物质表象所纠缠萦怀。在无所住的大化流行之中生其心，这个心就是你们的初发心，就是你们的理想精神。"

他在这里提出了一个公理般的命题，应无所住而生其心。如果有人有所住而生心，那么这个心就非无上正等正觉之心，就不是我们的初心，不是理想精神。这种心就会为人利用，后世就有人把自己装扮得伟岸、高大，以让人有所住而生膜拜、奉献之心。

他问须菩提："比如有人，他的身体如众山之王的须弥山那样,高广三百三十六万里,你的意思如何?像这样的身体,大不大?"

须菩提说:"很大啊,老师。为什么这么说呢?老师说的大身,其实是虚幻的,只是取名为大身而已。"

是的。虚幻的大身跟真正的庄严佛土来比,又算得了什么呢?他看见后世有无数处于穷窘状态的人,他们仍坚持了理想,呼吸之间、旦夕之间,念兹在兹于智慧、精神,他们现实的际遇可能会让人幻灭,觉得好人无好报。一些仁者、志者、智慧者临终前是痛苦的,有些学者、教授、美学家甚至因为级别不够只能躺在医院的过道里,最后因病未及时治疗而死去。但我知道这些人成全了智慧,成全了理想,后人也会从他们那里受益,会发现他们在精神世界里有庄严,有美。

这种人的真实状态一般人难以理解,因为他们在对世间的爱中真正升华了,爱在最初的男女之爱中得到了拓展,"他就会突然看到一种奇妙无比的美。他的以往一切辛苦探求都是为着这个最终目的。这种美是永恒的,无始无终,不生不灭,不增不减的"。

第十一章

福德

须菩提感慨
恒河沙数之多

智慧、初发心，或说理想主义者的殊胜景观是一般人难以理解的。一般人只知道要积极有为，要从世间获取什么。世间的资源、财富确实很多，我们也确实看到有些人从世间榨取或创造了惊人的财富。但很多人的财富，无论是正取还是逆取，都仍如山一样有崩坏的一天。正取的财富，用东方的圣人观察到的："多藏必厚亡。"逆取的财富，用东方的哲人所总结的："货悖而入者，亦悖而出。"

世间真正的财富其实就是智慧、理想，就是我们的初发心。它无为而无不为，它天长地久。拥有了这样的财富，人生的风景也不一样。因此我们说这一福德或风景极为殊胜。

说到财富，世人都知道需要付出劳动等才能获得财富，很少有人理解生命自身的开发，性命、慧命的显现本身即是财富。无论乡村、城市，特别是那些生活在劳动生产一线的人，他们打工也好，种地也好，往往陷入求取财富的恶性循环中，挣得的财富越少，他们越是没有时间和精力开发自己的性命、慧命，他们也难以理解有些人为什么要花时间精力去学习提升自己。

　　他还记得在南山托钵化缘的一幕。当时农场主波罗多波瑟组织了很多人在地里耕犁劳作，他去的时候，他们正在田间用餐，波罗多波瑟对我说："他们要那么辛勤耕犁才能得到东西吃，你也应该这样劳动才能得到收获。"他回答："智慧本是轭和犁，正念即为锄和鞭，如此耕耘勤耕耘，喜收圣谛在田园，喜收甘露如成仙。"波罗多波瑟听到他的说法后大为折服，他用铜钵盛粥来供养我，只是他认为先说法才能得到的供养已经着相，依惯例不能接受，就对波罗多波瑟说不能接受他的供养……波罗多波瑟为此皈依了佛法。他出家后证得阿罗汉果，他组织人种地得到的财富很多，但他修行后创造的财富更多，为此获得的世界更大。

　　他问须菩提："恒河中有很多沙子，还有那么多同恒河中沙子数目相当的河，这么多河加在一起，沙子数目多不多呢？"

　　须菩提说："老师，那当然很多了。"

他说:"只算恒河,尚且多得无法计算,更何况河中的沙粒呢!须菩提,我现在实话告诉你:如果有善男善女用可填满你所住的像恒河沙粒那样多的三千大千世界的七宝来布施,他们所得到的福德多不多呢?"

须菩提说:"很多啊,老师。"

他说:"一个理想主义者,他只是把我们讲解的理想精神传扬给他人,他所获得的福德,就比用那么多的七宝来布施所获得的福德还要多。"

数学家们曾试图测算恒河沙数,"凡大数之法:万万曰亿,万万亿曰兆,万万兆曰京,万万京曰垓,万万垓曰秭,万万秭曰穰,万万穰曰沟,万万沟曰涧,万万涧曰正,万万正曰载"。载以后叫极、恒河沙、阿僧祇、那由他、不可思议、无量。有人还认为,载是 10 的 44 次方,极是 10 的 48 次方,恒河沙是 10 的 52 次方,依次类推,不可思议是 10 的 64 次方。

所有这些数学可计算的福德都仍是可计算的,但理想精神的福德却是无量的。他在这里用恒河沙来讲福德,比前面说的三千大千世界般的福德又有不同。恒河沙既是福德之量,又是福德境界。我们经常有这样的经验,到海边沙滩上漫步时,多半会脱了鞋袜踩沙,那时自己的心清净、柔软、欢喜,整个身心似乎进入一种空无的至高境界。这就是无量的福德!

第十二章

尊重

为什么说
此经如佛塔庙

他今天的说法确实重大，他希望人们尊重这一正教正信，尊重他们演绎的理想精神。

他对须菩提说："还有一点，我们今天在这里说话就是在创造历史、创造财富并获得福德。我们的讲述将成为经典，包括其中的四句话式的公理原则，有着创造历史的巨大能量，它非常重要。它一旦整理结集成书，就是经典、不刊之论，那些知道修行的、知道要努力的、知道要积累福报的，不管天、鬼、神、阿修罗，都应当供养我们今天的这一课程。是的，这一现场演讲的经典为千秋万代的人们供养，就像人们供养佛的塔庙一样。

"如果有人能够依此经实践修持、读诵，须菩提啊，你应当知道，此人已成就了世上最高的、第一等的、稀有的事业。这样说吧，凡是这部经典所在的地方，就是有佛在，有佛弟子在，佛、法、弟子，三宝都在，人们尊重经典所在之处，就像尊重三宝一样。"

是的，这个世界有很多活动、集会，有很多冠冕堂皇的会议，有很多耗费惊人的排场，但时过境迁，人们都忘掉了它们。但一次真正的精神事件，理想主义的呈现，智慧的最高表达，会让与会的人欢喜赞叹，会成为永恒。正如他看见两千多年后的时代，一群物理学家相聚索尔维，他们的合照引起后人长久的顶礼赞叹，他们只有几十个人，却几乎集中了人类三分之一的智慧。之所以如此，因为他们几乎都是理想主义者，一生献身于探索大千世界的奥秘，从而能够为人类提供丰沛的思想和能量。

他今天和须菩提之间的对答，在外人看来，不过是两个叫花子之间的扯淡，但他们传递的精神，他们对理想的捍卫，对世人的告诫，他们师生之间的互动，等等，都会成为永恒。日后人们想起，千百年后人们想起，仍会心向往之，仍会顶礼赞叹。

所有伟大的理想主义者，他们就如同他说的这部经一样，会成为灯塔，会成为塔庙，让人参照，让人供养。他们住世的时候就像阳光、空气一样为人日用不知，但他们一旦辞世，人们就知道他们如经、如塔的重要。就像西方的一位圣者去世后，人们赞叹说，一盏多么明亮的智慧之灯熄灭了，一颗多么伟大的心停止跳动了。东方的一位哲人去世后，人们赞叹说，我们相信形骸终要化灭，陵谷也会变易，但现在墓中这位哲人所给予世界的光明，将永远存在。

所有的理想精神，所有的理想主义者，未必需要人们记住他们，他们甚至知其不可为而为之，他们甚至"朝闻道，夕死可矣"。但只要他们为人们所知，人们就会以各种形式记忆、纪念，这才是人性最真实、最正常的表达，是人之为人的最富于人性之处。

就像阿罗汉圣者巴西雅，他本来是一个商人，因为出海遇难，对人生无常有所了解。当他上岸后穿得破破烂烂，人们以为他是一个有修行的人，他接受了人们的尊敬和供养。巴西雅内心里知道自己是什么人，所以在后来有机会找到他时，巴西雅要他说法。巴西雅的情绪太过激动，他拒绝了两次，巴西雅平静下来时说，人生太过无常，不知道何时就会死，所以希望他能够给一些教导。他因此当场说法，巴西雅也即刻证悟阿罗汉果。巴西雅是他所知道的从听法到证果速度最快的人。只是因为他一时犹豫，他没有为巴西雅做印证，他收弟子时总会说一句"善来比丘"，但他没有对巴西雅说。在他们分手后，巴西雅不幸为一头牛撞死了。既闻道，无常如常，横死也可。因为他知道巴西雅已经证阿罗汉果了，他坚持让其他弟子为巴西雅造塔供养，以让世人知道这里有一个为法、为理想而献身的人。

什么是比丘？比丘就是修行者，就是持戒者，就是理想主义者。人们一旦发心修行，就对自身存在有一个全新的认知，一方面自己需求这个世界，一方面这个世界也需要自己。这就是存在之庄严之有情。他把布施放在生存的第一位置，也有这样的意思。很多人以为布施就是讨饭、施饭一类的修饰说法，这当然也说得通，因为他们确实乞食于世人，从大众那里乞得果腹的物质食粮，从大德那里乞得明心的精神食粮。他们乞食，也是提醒自己和世界需要布施：他们需要世界的大德大道，以明自己的性情；我们也需要大众的布施，以方便他们给自己积德种福。

因此，修行者、理想主义者绝不沉溺于生活的琐细事务之中，他必须超拔。虽然他的能力一旦用于具体事务，他会做得更快捷、更有条理。一旦置身名利或权力场中，他会成为大学问家、大商人，会成为王公大人，但他会谨慎地运用这一能力。这就是东方圣人所说的，"不事王侯，高尚其事"。正如后世一位有理想主义精神的"总统"对权力而感慨的，"使用权力容易，难就难在晓得什么时候不去用它"。在他的设想里，那些一流的头脑就应该乞食于大众，如此才算是为大众服务、为大众种福，这就是东方哲人所说的"劳心者治人"。同时他也锻炼了自己，低下高傲的头颅，看人脸色吃饭，接受大众的质疑、批评，忍常人所不能忍，以谦卑之心获得生存的安顿。

第十三章

受持

须菩提请教这部经的名称

这个时候，须菩提问他："老师，我们今天的这个讲座，您老人家亲自演绎的这部经典，应当叫什么名字？我们这些弟子应当如何奉持？"

是的，一次讲座、一次师生之间良性的互动应该有一个名字，有一个主题供人纪念。但这一主题仍只是一个符号而已，我们不必执着于符号一类的名相，重要的是能通过它把握真谛，做到如法受持。

他告诉须菩提："这部经名叫'金刚般若波罗蜜'。你们就用这个名字来奉行、持守好了。它像金刚一样坚固，无坚不摧；它又能把无比坚固的金刚断掉，它是能抵达大彻大悟的理想精神。我为什么这么说呢？我们说过了这世界是空无的，现在又说世界有坚固的存在。无论是空无还是金刚般坚固，都是对世界特征的某种表述。就像东方的哲人观察世界的变迁，发现只有变化才是不变的一样，易之三义即为变易、平易、不易。而我说般若波罗蜜，就不是说世界上存在着一个般若波罗蜜，只是假名之为般若波罗蜜而已。"

他接着问须菩提:"你现在心里怎么想,老师说了什么法吗?"

须菩提说:"老师,您老人家没说什么法。"

他再问:"须菩提,你意下如何,三千大千世界所有的微尘,多不多呢?"

须菩提答:"很多啊。"

他告诉须菩提:各种微尘,我说其不是微尘,只是假借个名称叫微尘;大千世界,所以如来说世界就是非世界,只是取个名称为世界。

他说了这么多话,其实就是希望人们不要执着名相本身,而要把握真谛,这才是"如法受持"。

其实就是我们自身的形相,我们也不必在意,而应该把握住内在的精神。就像人们常说的,腹有诗书气自华,学问深时意气平。一个人外在的相貌确实值得注意,好的相貌确实是一种资本、一种魅力,但真正持久的并非相貌,而是我们的恒心。只是很多人不关注、不爱护自己的心,以至于心随物转,时过境迁,内心苍白,什么也没有错过,什么也没有得到。

他记得吉瓦康巴瓦尼卡,她的容貌非常娇美,被人们称为"苏芭"(意为净美)。但她很有慧根,知道美貌靠不住,宁愿出家修行。一名浪荡公子看到了她,被她的美貌所折服,不停地追求她,她多次拒绝无果,最后她问对方最喜欢她哪里,对方回答最迷恋她美丽的眼睛,吉瓦康巴瓦尼卡就毫不犹豫地把眼睛挖下来递给对方。浪荡公子被震慑住了,并且请求她的原谅。后来在他的帮助下,吉瓦康巴瓦尼卡的眼睛复原,她精进修行,最后证得了阿罗汉果。

至于玛甘迪小姐,本来非常漂亮,她也自恃漂亮,很多人追求她,她都不放在眼里,据说她的父母想把她嫁给他,他为他们说法之后,她的父母证悟阿那含果,并且随他出家,不久后证悟阿罗汉果。只是他的拒绝让玛甘迪小姐深感耻辱,后来她有机会做了王后,总是想报复他和佛弟子们。人们记得的是她的仇恨而忘掉了她的美貌。

而真正的理想主义者、真正的修行是可以改变相貌的。他还记得阿难出家,是因为看到了他有三十二相,说是"胜妙殊绝,形体映彻,犹如琉璃",他出家修行,也确实修得了好的相貌,有人说他"相如秋满月,目似净莲花"。阿难为自己的相貌也受了不少磨难,很多少女见了他会心生爱慕,摩登伽的少女钵吉帝为阿难出家做了修行人。正是在出家后,钵吉帝爱慕阿难的心才平静下来,明白对阿难的爱只是一种虚妄。自然,真正的修行既改变相貌又忘掉相貌,他记得柯玛王后曾经为自己的美丽而自负,在他给她变化了人生的诸种阶段后,她受到震撼,皈依佛法,在女弟子中人称"智慧第一"。

他问须菩提:"我们经常说一个修行有成的大德不会偏狭,不会只呈现一种形象,他精神、智慧的丰富多达三十二相。那么你怎么想这个事,我们可以凭借三十二相来证见、认识智慧或理想吗?"

须菩提说:"不能啊,老师。我们不可以凭借三十二相来认识智慧或理想的真实本质。为什么呢？法身无相，三十二相不是智慧或理想的真实相状，老师说三十二相就是非法身相，是以假名三十二相。"

他说："须菩提，假如有善男子、善女人，用如恒河沙粒数那么多的身家性命来做布施；又另有人能够领受、奉持本经，哪怕只是其中的四句偈原则等，并为他人解说，那么他的福报功德便远胜于前面用身家性命布施的福报功德。"

跟前面讲解的恒河沙数的福德有所微妙差别，他这一次谈论大彻大悟的风景乃是恒河沙数多的身家性命，是的，一旦我们抵达了无上智慧之境，我们的心地就跟那些无量的众生相连接，心能承载他们，能化育他们，这是何等的壮丽富艳。

第十四章

离相

须菩提大受触动，

一时涕泪悲泣

他看到须菩提和其他弟子陷入沉默，安静得能听见一些人轻微的呼吸。他知道他们沉浸在各自高密度的精神时空之中，他们的互动只是加速或校正了他们的精神演进之路。是的，他用了很多关键词来无限地接近、抵达智慧或理想境界。其中，心、相这些关键词非常重要，只有意识到初发心，只有离相才能进入清净的智慧之境，进入理想主义精神。

他看见须菩提从开始的紧张兴奋不断转换，此时他像是完全听明白了他们的全部对话，又像是忘掉了他们的全部对话，他的身体突然松弛下来，他的心突然动摇起来，像云开雾散地欣见蓝天，像攀越高山在山巅看见远处大海上的飞鸟白帆，像日出红遍天空，像月光之下的大地一片氤氲……是的，须菩提像是深深懂得了智慧或理想的本质，他情不自禁地流下了眼泪。

他知道须菩提的眼泪是真实的，人们确实在话语思维的精神生活中会遇见宇宙的精神巨镜，能够照见自己的本性。有的时候，那一照见的瞬间让自己悲，有的时候则让自己喜。无论如何，悲喜的极致都会哭泣。就像他也曾经静静地流泪，如同悲伤。

须菩提开口说，他想到有老师的教导，让他体会无上智慧之风景，这并不是难事；如果后世有人只是听闻这部经典，就能获得无上智慧的境界，那个人的功德就太可贵了。弟子信奉这部经典不是难事，如果后世有人听闻这部经典也能信解受持，那个人就太可贵了。因为那个人舍弃了名相。名相只是假借的名称而已，只有离相才能抵达智慧的境界。

须菩提在这里也总结出一个公理般的判断：离一切诸相，即名诸佛。你想见到佛吗？想见到道吗？那你就要化掉一切的名相，你化掉时就见到了。

他赞赏弟子的体会，他也跟着啰唆了几句。"如果有人听闻这部经典，对我们说的世界的无相并不感到惊讶，对我们说人生的虚幻并不感到恐怖，对我们说的生死的无常并不感到畏惧，这个人也是非常可贵的。因为我们说到的第一波罗蜜，就不是所谓的第一波罗蜜，它只是假借一个名称而已。"

他还说，我们每天都要有忍辱的智慧。当出现侮辱自己的事时，如果我们说自己在行忍辱的智慧，这就差多了，甚至效果适得其反，只有你内心里真是清净的，不将不迎，你才能具有忍辱的智慧，所以"忍辱"一词也只是假借而已。就像民间总结的，如果被侮辱时无动于衷，那些侮辱言行就只是侮辱了言行者自己。那些侮辱人的污泥浊水不会有损修行者丝毫；民间甚至还说，侮辱人会减损自己的福报，而增加对方的福报。所以说，忍辱是修行者、理想主义者必修的功课，是他们的日常生活。如果在受辱时有我、有人、有众生永恒一类的想法名相，那就不具有忍辱的智慧。

他给弟子现身说法。前世的他如梦如幻，在无数梦里他都重复过前世的遭遇：歌利王为试验他有没有嗔恨心，而割宰他的身体，在那个时候，他是完全无动于衷的。如果他当时有了人这些想法名相，他就会有嗔恨这些计较之心，他会痛苦不堪，甚至痛不欲生，正是因为心里没有这些名相的存在，所以就无所谓痛苦了。

他又想到另外一个梦。过去五百年他专修忍辱仙人，在当时，他的眼前和内心都是空空荡荡的，完全没有什么想法，更没有我啊、人啊、众生啊、永恒啊这些名相。

他还记得阿库萨巴拉多亚四兄弟，一个兄弟因为妻子敬重他而心生不满，跑来跟我辩论，问他"杀什么可以得安稳和无忧"，他回答，"杀嗔恨可以得安稳无忧"，这位兄弟因此敬服皈依。其他兄弟因此愤怒地跑来辱骂他，话说得难听极了，他心如止水地一一为他们说法，最后他们都出家修行。弟子们对此事曾经引以为奇，他告诉他们，只有舍掉外在的受辱一类的名相，具有忍辱之力，才能在罪恶之群里无有罪恶，能以真谛作为众人的皈依。

所以我们强调，真正的修行者在修行中要舍离一切名相，要无所住而生其心。如果心还停留在什么上面，那就说明我们还未到智慧之境。正像世人说的，修行者不应该有心为善，有心为善则虽善不赏。当我们说为大众的利益而奉献时，我们心里既无所谓奉献，也无所谓大众。

他强调，理想主义者是说真话的人，是说实话的人，是说不可说的人，不是说谎话的人，不是说怪异话的人。正像大家说的，如果有心为善，那他什么都看不见，他将只知道他自己；如果无心为善，那么他就像在太阳底下看见了一切，他的心像阳光一样抵达大众和世界的每一角落。

他最后说，将来的时代，如果有善男子、善女人能够读诵此经典并坚持受持修行，那就好比是如来佛。以佛的智慧，能清楚地知道这个人，清楚地看见这个人，见证他成就无量无边的功德。

第十五章

持经

他预言这部经
将为后世人广为传诵

他要强调说明对此经信解受持的功德。

我们经常有这样的体会。在跟人聊天的时候，在跟亲友聚会的时候，在一次众人参与的讲座现场，突然意识到这一场景如此重要，它几乎刷新了我们的人生，把我们从凡俗的生活中提升到一个无上的境界。多年以后，这一情景仍为人们记忆、纪念。

相信这一情景的真实不虚，相信我们跟宇宙精神能够如此随时随地连接，那种正信的风景或功德比寻常日子里的公益慈善还要不可思议。

寻常人的日常行善常常让人感动，但财布施也好，身布施也好，如没有法布施，就只是做给人看的行为。这些布施的功德远没有法布施的功德大，更没有一念生信的功德大。

法布施的功德大到什么程度，大到暴君、政客、商人都相信他只要标榜自己为了人民、为了国家，他就能够为所欲为，获得权力。这就是为了目的，不择手段；为了自由，可行罪恶。在这里，国家和人民就是一种方便法门，有人因此说，敬民爱人也是流氓的遮羞布。

他看到后世东方大陆的国君们就在这一遮羞布下大行其道。想做华夏雄主的梁惠王很努力，哪里的民众有了灾情，他就优先解决哪里民众的问题，但他最后不无失落地向孟子请教，为什么本国的民生并没有繁荣，邻国的民众也不来投奔他呢？孟子嘲笑梁惠王跟他瞧不上的国王们的做法没什么差别，只是五十步跟一百步之间的差别。

这些遮羞布连财布施、身布施都算不上，这些布施迟早会暴露布施者的用心，迟早会惩罚布施者，或给布施者考验。即使财布施、身布施，如果是沽名钓誉的手段，而不用心于实际需要，也会遭到报复。他看见东方的一位君王就是一个财布施和身布施者，他的功德可谓惊天动地，他一度把自己舍给了寺庙，要文武百官用钱把他赎回来，他的身布施可以说用到了极致，但他的布施完全着相、着心了。这位梁武帝在见到佛弟子达摩时，计较自己的布施，问功德如何，达摩的回答非常干脆，没有功德。

但聪明的君王执迷不悟，错失跟达摩大师求道的机会，最后国家败亡，自己活活被饿死。到他的儿子也经受国破身亡的危局时，怪罪读书无用，持经没有功德，他为此烧掉了十四万卷图书。人们一度称其为"江陵焚书"，所谓"文武之道，今夜尽矣"，成为东方文化的大浩劫之一。

这就是人的业力，即使善良者、优秀者都不免有这样的业力。我还看见在梁武帝之后的几百年里，东方大陆迎来了大唐盛世，大唐立国一度为树立哪一家的思想而争论，后来英明有为的唐玄宗把这部《金刚经》跟儒家的《孝经》、道家的《道德经》列为国家的三部大文献。玄宗皇帝甚至亲自为每一部文献作注，颁行天下，自此人人都知道大唐有"唐三经"。是的，大唐海内外流行说，童子解吟儒释道，胡儿能诵唐三经。但即使如此，玄宗的功德也太小了，他的后半生跟前半生判若两人，他把自己活成了庸人和笑话。他的事业虽未及身而没，但坐在王位上的庸人酿成的罪业却给他自己和人民带来了无尽的灾难。

相反，那些普通大众的布施，他们尽管并不富有，甚至处在穷窘之中，但他们默默地把收入捐助出去。他们没有舍身，但事实上就是舍身布施，也是法布施，他们的财布施、身布施和法布施带来的功德非常大。他们感染了、影响了周围的世界，年青一代从他们身上获得的教益远大于那些富贵者的公益慈善。至于那些理想主义者，他们身无分文，心忧天下，或者他们的存在本身就象征了不屈不挠的理想，或者他们在传播我们今天讲的智慧、初发心和理想精神，他们为理想献身的功德比那些公益慈善的功德要大得多。

他跟须菩提说，如果有人每天、每时、每分都在给自己和社会创造无量的财富，有人每天、每时、每分都在做公益，这样大的功德看来是惊人的。如果还有一个人，听到他们这部经典，获得了坚定、永不逆转的信心，他的功德则远胜前面的人。至于那些书写、受持、读诵、为人宣讲这部经典的人，他们的功德就更大了。

他跟须菩提说，我们都是渺小的，最终都要因缘散灭。但他们的理想精神结出的果实，比如今天在这里创造的历史，具有巨大的能量，世世代代都会有人受持读诵。他们是无足轻重的，但他们创造的这一历史是对智慧或理想的完美的解释，而智慧或理想的能量不可思议、不可称量。

他还说，他们今天说法是为了那些优秀的理想主义者而说，是为了那些发大慈大悲大愿大行心的人而说，是为了那些仁人志士而说，是为了那些平凡生活中有非凡理想的人而说。如果有人有了大慈悲心、大行大愿心，他们时时处处给人传播理想精神，他们就像肩扛起天地的精神，他们任重道远，就能够成就天地之大功。

如果是精致的利己主义者，如果只是喜欢势利、喜欢流行的观念，这些人听到我们这里的话就相当于白听，因为他们心里着相，他们不会相信我们，也不会到处宣讲。东方的哲人感慨，"上士闻道，勤而行之；中士闻道，若存若亡；下士闻道，大笑之。不笑不足以为道"。但就是这些下士，这些机会主义者，仍会有人性复苏的可能。

正如在后世最黑暗年代里的辛德勒,他本是一个花花公子,一个德国纳粹,一个唯利是图的商人,但他仍能明辨周围的苦难和罪恶并做出人的选择。他救了上千名犹太人,有人把犹太民族的名言铸到一枚戒指上送给他,"救一条命等于救全世界"(Whoever saves one life, saves the world entire)。有作家说,"辛德勒的卓越事迹只是源自基本的礼仪和人性,只不过我们长大后就极少再真诚地相信这些礼仪和人性了"。但人性的复苏、人生理想的闪光有着不可思议的功德,它赋予了平凡的辛德勒以哲人和圣人的境界。辛德勒在逃亡前对被他救过的犹太人说:"你们所遭受的苦难,你们的父母、孩子,你们的兄弟姐妹中有几百万人被害的事实,至少有几千名德国人是坚决反对的,而且直到今天,还有几百万德国人根本就不知道这些恐怖暴行到底达到了什么样的程度。"他劝告即将获得自由的犹太人,"不要到邻近的住户家里进行劫掠。要证明自己值得你们当中那几百万人做出的牺牲,克制自己,不要进行任何个人的复仇和恐怖行动。"他还说,"我请求你们,哪怕是在你们自己人当中,也不要做出任何有违人道和正义的决定。我想对各个领域我个人的协助者和合作者献上诚挚的谢意，感谢他们对我的工作做出的莫大贡献。"辛德勒被人们称颂为"义人"，他去世后，每年都有犹太人去他的墓前纪念他。

他在知见这些后世的岁月沧桑、世道人心的明暗起伏时，不免悲悯无语，出神入定。但他知道这就是世界的本来，是三千一念，一念三千。世界仍是值得的。如同我们今天在这里创造的历史，我们的话语一旦结集，就像一座佛塔那样庄严。而千秋万代的人们，看到他们这部经典，也会起恭敬心，甚至不断地用鲜花、果实和佳木的芳香来供养。

第十六章

业障

为什么这部经能消解人的罪业

我们今天讲解的内容、我们对理想的追求还有一些不可思议的功德，比如说它能够为人们洗净业障。就像辛德勒，虽然有那么多为人诟病的问题，但人性的闪光仍使他成为当之无愧的义人。

我们经常看到，一个孩子回到家中，家已经被拆迁掉了，他无家可归，只能在砖墙石块之间继续做作业。这样的场景惊心动魄。我们既震惊于时世的残酷，罪恶借发展、法令等的名义碾轧一切，我们又相信，这个孩子在上无片瓦下无立锥之地的时刻仍积极向上，即使这个孩子和他的家人先前有过罪业，此时也已经被消灭。

这种三世因果，一般人难以理解、难以想象。如果我们换一个角度，人生也有三世，二三十岁之前是前世，中年即一直到五十岁左右是今生，五十以后是后世，那么，中年之果是缘于前世，后世之果是缘于前世和今生。换句话说，如果大半生一直处于打拼中的商人，现在讲论佛经、道经、圣经、儒经等经典；他玩起太极、无间道一类的禅啊、道啊，甚至表演起书画、戏曲一类的艺术，那一定会让有些人轻贱，那也一定是他们前世有一些罪错；如果他们前世都在修行，他们今生和后世讲经、谈论理想或智慧就会让人觉得理所当然。

由此可见，一个弟子或修行人如果受持诵读这部《金刚经》，如果为人轻贱，他的前世罪业就消掉了。就是说，一个人可能在前世犯下了罪业，但如果他此世修行，直取无上正法，他的业障也就烟消云散了。在他知见后世的传播中，东方的慧可就为人轻贱，非常坎坷，但慧可承受下来，业障得到净洗，他的声名功德也因此流传。至于慧能，他求法时也为弘忍打击，但他没有改变信念，反而坚信了人性的无上平等，他守住了理想。

在跟须菩提交流时，他想到了自己。获得智慧的一个方便是供养，对所有的大德，所有的仁人志士，都要一一供养。就像他当年，在前世之中，遇到过无数的大德志士，他都供养过，一个都没有落下。获得智慧的另一个方便是传播理想，就是人们常说的传福音。他们这部《金刚经》就是理想主义者的福音书，那些受持诵读此经的人，那些传颂今天讲座盛会的人，他们的功德比他当年供养所积累的功德要多得多。

在黑暗的年代，哪里才有智慧、人性和理想的光芒呢？他知见两千多年后的东方一度陷入黑暗的年代，就在那样背离人性的岁月里，仍有星星点点的光芒闪现。在五台山几乎被无知无畏的人打倒破坏之后，仍有佛弟子在那里守山、守庙。而在家的一位姓马的居士想到山上可能有师父缺少吃的，就偷偷地带着一袋子馒头去供养。当他看到一个师父在山上艰难地生活，冬天里就是一把米就着一口雪地维生，天寒地冻，连老虎都饿得长啸不已，他感慨地问师父："在山上有什么意义？"师父回答："师兄啊，你听见老虎在这里，这里就有生灵，这就是道场，师兄，这样的道场咱们得守护啊。"……转眼之间，沧海桑田，黑暗过去，五台山人山人海，香火鼎盛，成了熙熙攘攘的道场。

光明何时起，光明何曾灭？这一切缘于先行者的坚守，缘于对理想精神的世代传承，缘于对大道的生发和继往开来，就像我们有幸,在大道的发源处能做一些功德。后人有幸,在大道的迁流处能做一些功德。这些功德就是世间的日月光明,能清除业力,能洗净罪性。

他对须菩提说,后世的人如果传颂我们今天的这一盛会,如果受持诵读此经,他们的功德如果说出来,有人听到了会狂乱怀疑。因为我们在大道的发源处做的功德,值得人们持诵解说,如此众生的理想才汇流成全了伟大的文明,这是三千大千世界中最壮丽的成果。一个人的理想汇入理想的大海,理想主义者的生命连接了大千世界,他既是孤独的自我,又是浩瀚的大海,是三千大千世界,有如此大的功德,还需要怀疑吗?虽然这样的功德确实不可思议。总之,这部经典、他们今天共创的历史,其义理不可思议,其果报也不可思议。

第十七章

无我

须菩提再次问，
如何降伏其心

在他说经义不可思议、果报亦不可思议时，今天的讲座似乎结束了，要说的话都说了。

但须菩提却再度发问，他问的几乎是一开始的问题："老师，我们应该如何发心、住心、修心，如何降伏我们的心猿意马？"

须菩提再开新局，这让他欣慰。他也希望弟子们能够记得破执破相，要超越门户、宗派之见，世间的一切法，其实都是佛法，都有智慧，都是理想精神有所作为之法。

他回答须菩提："一个理想主义者应当这样发心：我们的理想会感染人们，会帮人们获得解放，但事实上并没有一个人是由我们解放的。为什么这样说呢？如果一个理想主义者有了人们、大家、自我、永恒一类的想法，他就不是一个理想主义者。须菩提，我还想跟你强调，现实之中也没有一个什么方法让人能生发最高智慧之心，能生发理想精神。"

他问须菩提："你心里怎么想的？我以前在燃灯老师那里，

第十七章

有没有得到一种方法叫无上智慧或理想精神呢?"

须菩提回答:"依我对老师的理解,您老人家在燃灯老师那里,只是悟得了诸法空相的要义,并没有得到什么智慧或理想。"

他称道须菩提:"是这样的,我在燃灯佛那里,其实并没有得到什么智慧或理想的方法。如真有什么方法号称得到智慧或理想的话,燃灯佛就不会加持我、预言我说:'你在未来世,当会做伟大的觉悟者、伟大的理想主义者,名叫释迦牟尼。'正因为没有什么方法可得到智慧或理想,燃灯佛才会预言说'你在未来世,当会做伟大的觉悟者、伟大的理想主义者,名叫释迦牟尼'。"

他想起了他的老师,似乎我们都活过无数世代了,无数世代又活在我们的梦里。他对他的梦如此清晰可知,他在梦里曾多是懵懂无知的少年,但他似乎能像镜子照物般地,起心动念即向学向善。最幸运的是,他在梦里跟伟大的觉悟者和导师燃灯老人家一再相遇。一次他遇到燃灯老师时看到一个贵族少女那里有青莲花,他就买来一半,跟少女的一半一起供养老师。还有一次,他梦见燃灯老师迎面走来,面前有一摊污水,他立刻倒在泥水中,用他的长发和身体为老师铺路,但老师并没有踏上他的身体,而是绕开了。……在这些梦中,老师最后都对他说:"善男子,汝于来世,当得做佛,号释迦牟尼。"

无论前世也好,梦中也好,他相信燃灯老师跟他的缘分真实不虚。他多么怀念跟老师的时光啊,真希望老师此时此刻出现。在这样短暂的出神时,老师似乎真的出现在他身边,含着笑望着他和这些在场的上千弟子。啊,他也是经常这样活得如梦如幻啊。几百年后的东方,有一个伟大的觉悟者,他比他还要彻底无我,他梦中的自己竟然是一只翩翩起舞的蝴蝶。两千多年后的西方,有一个伟大的觉悟者,他比他还要悲悯现实,他梦中的自己竟然是一只孤独、荒诞的甲壳虫。

是的,没有什么绝对的方法,有的只是绝对的超越,从而能够映照时空,配得上一切时空的遇合,就像他梦中为燃灯老师

第十七章

授记，别人梦中是蝴蝶或甲壳虫一样。为什么这么说呢？因为人生的理想或智慧，是绝对的超越。如果有人说他得到了超越的方法，那就错了，现实中实在没什么超越的方法。他证成的超越，非实非虚，既不立足于、执着于它的实有，也不立足于、执着于它的空无。世界万象都从这非实非虚的本体中来，所以他说一切法其实都是佛法。我们说的一切法，是就没有方法的无助情景相对而言，所以只是记名说是一切法。

真正的理想或智慧是要超越这些方法的，后世之人会为各种名相、门派所缠绕，分工分科的细化，会有文科的优越感，会有理科的霸权，会有物理学、经济学的自负，等等，它们各自的优越或高大在超越者眼里并不真实。这些如泡沫一样生出的无数自得、自作圣明一类的思虑，实在只是泡沫啊。所以东方的圣哲斩钉截铁地说："绝圣弃智。"

云何应住？云何降伏其心？东方的人民做得好啊，他们慎终追远，年复一年地安排众多的日子来怀念先人，使大家活出明心见性。这就如同我们出神入定的修行，经常跟先人、跟无穷的世代相会一样,如同诗人所说,我要回到人类的清晨,使人成为一个全称。至于直截了当的西方,他们也有一个朴实的办法,是的,他看见理想主义者乔布斯的引用——"Stay Hungry, Stay Foolish!"[《整个地球的目录》(1972)]

他再次提到身相:"须菩提,假如有一个人个头高大、身形伟岸。"

须菩提说:"老师,您老人家说过,个头高大也好,身形伟岸也好,只是相对而言,只是假借一个名称说个头高大、身形伟岸而已。"

他说:"是的,你们这些优秀弟子、你们这些理想主义者都应该明白这个道理,我们固然有我,但时刻要有无我,对真正的理想主义者来说,无我绝对不是一句空话,他以有我之有限生命活出无我的精彩人生。他没有自私自利之心,度人、度众生、度世界,如此度了自己。如果有人心想,我要解放、启蒙大家,他就不是一个理想主义者,他只是把理想当作职业、当作饭碗而

第十七章

已。这样的人就有了分别心，有了势利心，有了妄念。

"所以我经常说，一切最好的方法都是没有人、我、众生、永恒一类的分别，都是全神贯注于智慧所是或理想所是。就像东方一个相马的大师，他注意的是千里马，以至于他眼里无视马的雌雄或颜色。就像一个好色者，他注意的只是对方本身，他并不关心对方穿戴如何，并不关心对方是贵族小姐还是贱民。"

他对须菩提说："如果一个号称理想主义的人说，他道貌庄严，严肃认真其事，那么他就不是一个理想主义者，他就落入了下乘。这就像一个君王，故作姿态，以威仪来显示自己庄严伟大、身形伟岸一样。因为庄严身心一类的说法，并不表示有一个实实在在的身心国土或佛土可以庄严，只是方便说法称其为庄严而已。所以一个理想主义者只有对空无的本体通达无碍，真正无我，能超越现实的假相，他才能称为一个理想主义者。"

第十八章

同观

他有肉眼、法眼等眼睛吗

理想主义者之所以称道理想,因为理想能超越万相,把握万相的空无基础,从而一体同观,能还世界本来面目。这种理想并不是用来批判万相的,空相也不是否定万相。我们常见一些人自以为理解了人生社会的虚无,自以为理解了完美,去批评他人他事。他们自以为立足坚固、牢不可破,对他人即使不完全打倒,也不会轻易肯定,他们总能找到理由,"尽善也,未尽美也"或"可信也,不可爱也",这就是没做到一体同观。

他问须菩提:"你觉得我这样的人,或一个理想主义者有肉眼、天眼、慧眼、法眼、佛眼吗?"

须菩提一一回答,一个理想主义者有肉眼,有天眼,有慧眼,也有法眼、佛眼。

他在前面讨论的是心,但在这里却谈论起眼睛来了。因为眼与心相连,有什么样的心思就有什么样的眼界。有些年轻人刚进城不久,回到农村父母家里,看什么事情都不顺眼,都觉得土啊,落后啊,不科学啊,不讲究啊。他们的眼睛就跟以前的眼睛不一样了,可以说他们有肉眼了,也有法眼了,只是这时候的法眼还是小法之眼。真正的法眼是平等的。真正的佛眼是慈悲的。真正的慧眼是通透的。真正的天眼是彻底的。

他在前面不断否定提到的观念、现象，此时再度提起时，他希望弟子们理解如何肯定、如何接纳。后世的人们为此说，一个理想主义者、一个修道者，从看山不是山、看水不是水的经验中，再度回归能够欣见山就是山、水就是水。世界一直具足在那里，我们的身心一直具足在这里，没有一样是缺乏的。如果说有缺乏，那缺乏的并不是眼睛，而是缺乏发现。

一个理想主义者也是一个存在主义者，他不仅批判现实、超越现实，他也接纳现实，因为他是现实的一部分，他首先要了解甚至理解现实。他身上有超越的一面，也有现实的一面。一般人都会对得道者、对理想主义者的境界做过度想象，以为他的状态超过了我们的理解力和日常经验。比如后世的屌丝们想象巨富名媛们都是光鲜的，比如群众想象领袖们都是伟大的，等等。

我们一般人爱说天堂、地狱，爱说极乐净土，总以为这些地方不在人间，但事实上，这些地方不仅在人间，也在我们每个人的身心之中。这也是我们提倡念念相续、妙行无住的原因，只有如此，我们的身心才不会着相，不会落入欲念的诱惑、煎熬之中，不会落入无边的地狱和炼狱之中，不会落入一时的快感、满足之中，不会落入一时的天堂或黄金世界里。也只有这样，我们才不仅能看得清自己的身心状态，也看得见众生的状态。

我们看见恒河的沙数世界，贴近它们，应该平实地承认其数量巨多。他跟须菩提强调的不仅是数量多，而且是这些沙子数目般的众生。他们的心思，他都知道得清清楚楚。这种及物及人的智慧，确实能够一体同观。东方哲人也平实地说过，"他人有心，予忖度之"。存在主义者则从存在异化的处境中推己及人，当存在者异化，众生被压制到一个狭窄的通道中生活，他们的性情、欲望处在被规定、被给予的状态，那么我们看见他们的表情，就知道他们的目的，也知道他们的手段。

从眼睛的角度扩大到心的世界，当我们斤斤计较于蝇头小利时，我们的心透彻、平等、慈悲吗？从眼与心可证，我们那么多种心思都是虚幻的。因为心一直在变动不居，过去已经逝去，现在难以停留，未来不可预想，都了不可得。他为此提出一个学究们都不会否定的命题：过去心不可得，现在心不可得，未来心不可得。

但是我们的心又能在过去、现在、未来之间来回穿越，无所住而让过去、现在和未来真实不虚地呈现。现在之所以是现在，因为它是过去的结果，它是未来的原因。只有如此想，我们才能把握住过去、现在和未来。后世的诗人写诗说，"在过去和未来两大黑暗之间，以不断熄灭的现在，举起了泥土、思想和荣耀"。

第十九章

法界

福德无故

才能在法界通化

在超越中，理想主义者能够通达无碍。用诗人的话说，"纵浪大化中，不喜亦不惧"。用修行者的话说，在法界流行通化。

他问须菩提："一个人用三千大千世界的七宝财物布施，有了这样的因缘，他得到的福报多不多？"须菩提说："很多。"他说："如果福德变现了，有数有量，我就不会说得福德多。就是说，一旦以为福德是实在的，就着相了，我们不会说福德多。因为布施的时候没有求福德的想法，我才承认他的福德很多。"

有心为善，虽善不赏。这是真实不虚的。世间的公益慈善如果是有心的，是以之为名，那我们就知道他们的福德不会很多。我们经常看到有些老板标榜他每年要给庙里捐赠多少钱，给山区的乡民捐赠多少衣物，也许他很真诚地认为是在做慈善，但是很遗憾，他们的福报不会多到哪里去。

就像达摩遇到了梁武帝，那位一国之君问达摩："自从我即位以来，供佛供僧，建造寺院，抄写佛经，这究竟有多大的功德？"达摩回答："这根本没有功德可言。你所做的只是一点世俗的小果报而已，谈不上真功德。真功德是通达无碍的智慧，它的本体是清净空寂的,不可能用世俗的方法得到它。"

他讨论的行善看似是一件小事,事实上并非小事,行善或说布施乃是修行的六度方法之首。对理想主义者来说,布施乃当然之义。天牧天放,天不爱其道,地不爱其宝,植物、动物都不会聚敛积累,只有我们人类有聚敛积累的贪念。这一欲念既成全了人的创造力,又遮蔽了本自具足的智慧。因此,获得智慧的一大方便,就是积德行善的布施。

他还记得苏玛纳,那个国王的女儿,曾经带着五百人的车队浩浩荡荡来找我,她的问题是:两位在信念、道德和智慧方面都相当的弟子,一个有布施,一个没布施,他们之间是否会有区别?我回答:无论是生在天上或是人间,有布施者在寿命、外貌、荣耀、快乐和权力方面都要胜过无布施者。

东方的哲人为此说,"积善之家,必有余庆"。我们常见一些守财奴拼命地聚敛钱财,有些人甚至来不及花掉就死掉了;有些人被抓捕前还因为花不完的财富痛心疾首。对这些人,一般人说他们鬼迷心窍，其实就是指他们愚不可及，没有智慧可言，也没有真正的快乐可言。

他把布施列为修行之首，就是提醒一切精神上和物质上的富有者，要记得散财于世，还智于世。而他的苦心之一在于，让思维世界、精神世界和心灵世界最丰富的人过一种化缘、求人布施的生活，就是要让他们低下高傲的头，放下骄傲的心，抛弃骨子里的虚荣和优越感，让他们知道自己在为世界尽心尽力、在布施世界的同时，自己并没有布施什么，自己也并没有什么福德。如此一来，以其布施和福德无故，我们才说他们的福德很多。

一个人能够意识到自己每天都处于布施状态，并以自己的"福德无故"为追求，应该是他的生命境界精进的关键。一个理想主义者已无这样的意识，他不以自己的奉献为意，反而感恩世间的一切。后世的爱因斯坦就是这样伟大的理想主义者，他说过："我每天上百次地提醒自己，我的精神生活和物质生活都依靠着别人（包括生者和死者）的劳动，我必须尽力以同样的分量来报偿我所领受了的和至今还在领受着的东西。我强烈地向往着俭朴生活,并且时常为发觉自己占有了同胞的过多劳动而难以忍受。"

后世的龚自珍也是一个性情的理想主义者,他在江淮一带蹭吃蹭喝时,作了一首诗:"公子有德宜置诸,有德公子毋忘诸。我方乞食忽诵此,箴铭磊落肝脾虚。"

他还看见后世的弘一法师是一个悲悯的理想主义者,弘一法师有绝高的艺术才能,只是他生不逢时,体弱多病。少年时就写过"人生犹似西山日,富贵终如草上霜"。后来为治神经衰弱而接受断食,而出家。他自己也懂医理,但出家二三十年,他的身体仍时好时坏,无论是神经衰弱还是四肢的浮肿溃烂,都折磨了法师一生,以至于他后来说,"小病从医,大病从死"。这个有特殊使命的弟子,就这样一生受苦,如同活在身体的地狱、炼狱之中。有人以为他负了一人,如同负了天下,实在不理解他的因缘和传达给亲人的因缘。这个苦命的弟子,勇敢地承担了有限生命而开结出无限的花实,他也成为法的一部分,在法界通化,给了无数人以启示。

弘一法师对众生无常的表达值得我们倾听：

长亭外，古道边，芳草碧连天。

晚风拂柳笛声残，夕阳山外山。

天之涯，地之角，知交半零落。

人生难得是欢聚，唯有别离多。

长亭外，古道边，芳草碧连天。

问君此去几时还，来时莫徘徊。

天之涯，地之角，知交半零落。

一壶浊酒尽余欢，今宵别梦寒。

第二十章

色相

须菩提认为

对老师的色相不必想当然

他再次现身说法，对于色相不应执着，尤其不应该有偶像崇拜。对色身名相不必想当然，要了解一切无相，法身无相，不可住，不可着，应明心见性。

他问须菩提："你心里是怎么想的，我被人称为佛，佛能从我的圆满色身中看见吗？一个理想主义者可以从他完美的色身中见到吗？"

须菩提说："不能。理想主义者不能从一个人的色身中证实。为什么这么说呢？老师说的圆满色身，并不是圆满的色身，不是真实不变的理想，只是因缘和合的表象，只是取了一个圆满色身的名称而已。"

他再问须菩提："你心里怎么想，一个理想主义者能从言谈举止的相貌中见到吗？"

须菩提说："不能。虽然老师有三十二相、八十种好，但我们不能从这种相貌中理解老师，不能把相貌跟一个理想主义者画等号。老师说的诸相具足，是性德圆满而示现的幻象，是为了度化众生才显现的，并非真实的相貌，不过是一时的假名罢了。"

是的，须菩提把握住了理想主义的精神。我们都知道，一个人在人生百年会修身修心，甚至岁月本身都会在人的身心相貌中留下烙印。经常有人说，那个人的脸真是沧桑，这个人的神情真是困苦；这些人真是儒雅，那些人显然浅薄，还有一些人的脸相一脸成功、一脸得意，但又写满了礼崩乐坏。

一个人在岁月里的修炼，会影响相貌。后世的作家们对人的身心相貌极为敏感，他看到后世有这样的场景，一个作家称赞另一个作家长得好看，这个作家回答他以后会更好看。他还看到后世人称赞一个女子的美貌，说她的面相代表了人类面相演进的终极。除非特殊情况，大部分人在人生百年中的相貌会变好，比如更儒雅、更从容、更宽厚等，只有少数人变得狭隘、极端。

后世还有一位总统说过一句话，一个成年人要对自己的相貌负责。民间也常说，三十岁以前的长相是父母给的，三十岁以后的相貌是自己给的。至于夫妻，相貌也会变化，如果夫妻恩爱，久而久之，他们的言谈举止甚至神情相貌都有相似性。至于地域，相貌也有这样的趋同性，穷山恶水的人似乎多有峻急的特征，得天独厚的人民似乎多有宽厚，甚至闲情雅致。

民族也是如此，每一个民族似乎集体共有几种容貌。他看到后世的日本人、韩国人、新加坡人，虽然混在一起很相似，但其中的差别仍是非常大的。至于盎格鲁－撒克逊人、日耳曼人、斯拉夫人，在有些人眼里是一样的，但我们也能看出他们各自的特征。

就是说，时间、空间里的生命都有各自的相貌，那些相貌打上了时空的烙印。真正的理想主义者不会止于拥有时空的属性，而会精进努力，有所超越。我们经常看到，有些生活在底层的圣徒因为超越，而有了定海神针的力量，当她走过战争区域，交战的双方竟能为她而停火。这种力量在他身边已经不足为奇了，他的朋友维摩诘在精进中把自己跟世界合一，以至于他的弟子们一想到维摩诘居士都以为照见了自己的肺腑肝胆，有些虚怯不安。在维摩诘设局撒下香花的时候，那些万象皆空的弟子未沾着一花一瓣，而香花落到身心尚未超越的弟子们身上，便再也落不下来。是啊，你一旦落在好色的念头上，美丽的香花就为你所有，也让你置身于无明的状态。是啊，如世人所说，好色中的人是最盲目的。

因为有这样的人类经验，我们人类对身心相貌是很注意的，我们都好色。我们总愿意把色相、把外表当作本质，有人甚至为此论证说，现象即本质。虽然人们也感叹，眼见不一定为实，但在生活中，人们还是愿意从色身、诸相中去评判一个人。他知道伟大的孔子一再感叹，说"吾未见好德如好色者矣"。孔门弟子把握到实质说，要"贤贤易色"。

因为有这样的人类经验，我们人类对身心相貌也有着最为通达的理解。东方的庄子曾总结说，我们人类极容易依附于人啊、地啊、天啊，自身不免有了人文、地文、天文的色相，一些人甚至以为自己得了人道、地道、天道，以得道之心呈现色相，这就是职业、年龄、性别、阶层、地域的相貌。而真正的理想主义者并不在意，他一直处在全息的状态，处在自然的清净状态。

他也好色，他对身体相貌极度敏感，但他的诸相诸好并不因为时刻注意保持容貌，而是因为时刻都没有在意容貌。他知道弟子中有不少人是被他的形象所吸引，他希望他们能破掉，希望他们能离相离色。

第二十一章

说法

若人言如来有所说法,即为谤佛

他现身说法，不仅要超越形象，也要超越事业。智慧也好，理想主义也好，人间伟大的事业也好，都是大众所说的过眼云烟，我们必须超越它们。

他问须菩提，你不要以为我有这样的想法，"我当有所说法"，不要这么想，为什么呢？如果有人说我有什么说法，那就是谤佛，他不了解我说法的精神实质。一个理想主义者，给予世界的永远不是什么法则、方法，如果执着于有某种说法，那就陷入了教条。正如东方的圣贤们在交流时所言："子所言者，其人与骨，皆已朽矣，独其言在耳。"如果以为这些言论是言说者留下的精华，那就是一种教条。所以他在这里提出一个公理般的命题：若人言如来有所说法，即为谤佛。

对他来说，他说了一辈子的话，但他此刻对弟子说："说法者，无法可说，是名说法。"其中的无限感慨弟子能理解吗？后世有人说，人必须说很多话，然后保持沉默。其实说再多的话，也未必能使与闻者悠然心会。

他说了太多的话。如果有人以为他有所说法，以为他曾经说过那样的话，因此他是那样的意思，那实在是断章取义，实在是理解片面了。人们在提取他的说法之前，必须从整体上理解他，必须从菩提心上、从理想精神上理解他，否则就是曲解他，就是谤佛。后世也有不少跟他一样感同身受的人。那个曾经为无数人谈论的哲人，没有人理解他说的："我只知道自己一无所知。"还有一位哲人说："对不可言说者只能沉默。"至于另一个作家卡夫卡，他在临终前立下遗嘱，他要烧掉所有的书稿。一个一生都以文字立命的作家，却要烧掉书稿，这是何等的力量和自信。

须菩提听到他的话后确实有些疑惑了，因为他在前面说过不要迷信他的色身，不要着相，在这里又强调自己没有说法，要把自己的事业都空掉。他在前面强调今天在祇树给孤独园的这场讲座在创造历史，在成为经典，现在又把这些精彩的思想空掉甚至否定掉。须菩提问他，如果未来的众生听到他的说法，会有信心吗？

这让他不免伤感。就像在一个时空摩天轮中，众生在其中生息，有的一世即亡，有的轮转都未度过一个夏天，还有的短得只活在一个早晨的轮转里，"朝菌不知晦朔，蟪蛄不知春秋""夏虫不可语冰，井蛙不可语海"，这些众生若只是在意自己的生死，在意眼前的结果，他们会有信心吗？大千世界最重要的公理之一是因果律，一个理想主义者总是注重起因，而众生多半注重结果。如是，那些伟大的公理，如劳动创造价值、知识就是力量、读书改变命运，竟然会一再被人怀疑，因为这些人只看重结果。这些人即使读书，即使每天接收新知识，他们仍难以明心见性，难以自度度人。

他没有正面回答须菩提的问题，他只是把须菩提提到的众生都空掉了。当然，有些人以众生为自己生活的条件，以为众生是自己名利和意义的基础。一般人都有这样的经验，以为自己大公无私地献身于大众，以为自己的事业是为了天下苍生。但他超越的不仅是生命的事业，他超越的也是这芸芸众生。事业、众生都不应该是我们的念想，如果我们心系天下苍生，那就是心有所住,那就落入下乘,就很快使心灵蒙尘,我们就把自己当作众生的主人,就是把众生绑架到自己的生命之中。

这些期待众生的人也自然对其他东西有所期待。是的,他知道有些人的生活总是有所期待,当世没有人理解,他就说,时间会检验一切,历史会证明他的意义,未来会评估、会补偿他的功德。有些人学舌说,"藏之名山,传之其人",这些想法离真正的理想主义还有距离。这种依赖后世的心理并非我们说的清净心,并非无上智慧,并非伟大的理想主义。我明明说过未来心不可得,我明明说过上下四方虚空不可思量,为什么要思量后世的众生于当下的意义呢?千万年后,这个星球上的众生还存在吗?一个伟大的理想主义者必须空掉这类念想,对事业、对后世都不必介意萦怀,所谓"赤条条来去无牵挂"。

第二十二章

无法

须菩提问他是否得到了某种大彻大悟方法

须菩提似乎明白了他的意思。我们要超越一切,无物常住,大千世界周流六虚,没有什么可以供我们依靠。不仅我没有说法,甚至法之有无,我们也不能肯定太多。

须菩提问他:"老师,您当年大彻大悟,难道没有得到什么东西吗?"

他回答:"是的是的,我当年大彻大悟时,一样东西都没有得到,这就是我的大彻大悟。"

我们一生都在求法,都在追求理想,都在寻求真理,但现在他说无法可说,也没有一法可得。就是说,理想境界、最高智慧、真理本身,并非外在的,可以求得。它是我们内在的东西,只要我们反身而诚,我们就能看到它们。准确地说,无法可得,外面的世界也就没有一个最高智慧可去求得;内在的世界也没有一种外在的光明可以照亮,照亮内在世界的只能是我们自身的光明。最高智慧乃是本性中固有之物,既没有失去,自然"无所得"。东方的老子说得好啊,"上德不德,是以有德;下德不失德,是以无德"。

我们经常看到众生在自以为一无所有的穷窘中难以自拔，他们总是把外在的东西当作资源、财富，费尽心机地聚敛；他们还把智慧、理想也当作可以学来的东西，人云亦云，人行亦行。但他们的心总是诚实地告诉他们，向外求得越多，他们越是心虚。孔子对君子的告诫就是，人到老了"戒之在得"。

有一个比喻说，有一个人对自己的母亲不孝，却也像别人一样想见到菩萨，想供养菩萨；他走了很远的路，求拜菩萨，他后来找到一位大德，要大德告诉他菩萨的样子，大德让他回家，说如果看到一位反穿衣服、鞋子穿倒了的人就是菩萨。他回到家时敲门，母亲听到儿子的声音，以为发生了什么事，慌忙中穿反了衣服、穿倒了鞋子去开门，儿子才明白原来菩萨一直在自己家里，只是自己没有诚心供养。

这个比喻说的正是自家具足、无须外求的意思。后世的慧能曾经说过，"何期自性，本自清净；何期自性，本不生灭；何期自性，本自具足；何期自性，本不动摇"。他还看到后世沉沦时代的人们多无自信：有一个中学生问一个作家，作为时代的花朵和未来的栋梁,他们该如何提高自信心。作家沉吟一时,大声地说,自信何须求来,你的生命存在本身就是最大的自信。当你还是一个孩童时,你何其自信,因为那时你的生命能量充沛,不受外来的思想污染,现在你是中学生了,受到污染,反而不自信了,这是不可取的。

有些人以为他的无法可说、无法可得只是一种比喻,当然可以从比喻的角度理解,但更应该从字面本身去理解,就是确实是无法可说、无法可得。就像人生病了,向外求药治病一样,这固然可以起到治疗作用;但外来药物对身体的干涉多半是双刃剑,既有治愈的一面,又有伤害的一面。所以,东方人早就总结说,上药三品,神与气精。每一个人都具有精、气、神,如果善用这三味大药,人的身心就能无时不在平和而又愉悦的境界中。

他当年在菩提树下坐禅悟道,最后那天,他无意间抬头看见天空的星星,一下子看见了无上的智慧。他看见了三千大千世界的时空之轮清晰地呈现在眼前,那个时空摩天巨轮里有因缘的起起灭灭,有无数世代的成、住、坏、空,我看见两千年后的人类在地球上如何谋划地球、月球乃至火星,他们以物质的名义消解了精神,以科学的名义挑战了伦理,以人类的名义征服了自然……但他们活得飘忽不定,他们为一种不可知的时代潮流裹挟,为世道人心所驱赶役使,他们为身病、心病所苦而难以安顿,难以解脱。他当然也看见了自己的过去和未来,甚至看见他在一棵菩提树下如何入定证道。他感叹说:"奇哉!奇哉!一切众生皆有如来智慧德相,只因妄想执着不能证得!"

第二十三章

净心

他对须菩提说,
天下皆知善法为善,
斯不善也

他在前面一直说空掉,也可以说是否定掉,这是为了让人摆脱对有的执着。必须灭度一切,佛也不是,相也不是,色也不是,法不可说,法不可得,才能有清净心,才能接纳这个世界。所以他还要让弟子们知道如何肯定、接纳这个世界。

他对须菩提说,这个名为无上正等正觉的法,一切平等,没有什么高下之分,所以才叫作无上正等正觉。只有摆脱了我、人、众生、永恒的区分,来修习一切的善法,才可以证得无上正等正觉,才可以成为真正的理想主义者。

他对须菩提说,所谓善法的说法,只是相对于那些不方便的方法而言,相对于那些旁门左道的方法而言,只是叫作善法罢了。

善法是相对而言的,它相对于恶法、非善法而言,也相对于众所周知而言。如果一种方法已经众所周知,众人都行,那么它的弊端也会出现。正如圣哲所说,"天下皆知美之为美,斯恶已;皆知善之为善,斯不善已"。当天下人只能说,那种方法才能得救赎，那么那种方法一定出现了问题。

相反，我们的心一旦清净了，我们自然而然地能够接纳世间的善法。或者说，各个地方、各个国家好的东西，都为我们所承认、接纳、修行。希腊的哲学、希伯来的信仰、东方诸子的学说，都有至善处，乃至科学的精神、工匠的技艺、诗人的直觉，都有善巧处，都值得我们去闻思修行，只有修这一切有幸得知的善法，我们才能让无上的智慧通行无碍。

这就是净心行善的道理。东方的孔子考察了很多民间传唱的诗歌，他从那些优美的、众人都喜欢的诗歌中看到了纯净之心，看到了性情之善，所以他说，"诗三百，一言以蔽之，思无邪"。

有人以为，既然智慧、理想主义是本自具足的东西，那何必修行世间的善法？还有人以为，我已经从一家善法中证得了智慧，又何必修其他家的善法？对这些人，东方的故步自封、抱残守缺等成语描绘得真是形象啊，他们的心并不清净，他们自封是智慧的化身了，他们抱着一时一地的习惯法就知足了，他们不知道世界每时每刻都在展开,他们不知道世界把不同时空的花实呈现了出来。

他还记得一次跟弟子们托钵化缘。一群小孩在路上玩堆沙子的游戏,其中一位娇滴滴的女孩子,用双手从地上捧起一捧沙,走到他的面前,把沙土放到他的饭钵里。他恭敬地接受了她的沙土,让她一时有了庄严慕义之情。弟子们认为岂有此理,他不应该任由这个女孩子胡闹。他说不能说她没有善意,而他的恭敬净洗了她的逢场作戏,像一颗种子一样种进了她的心里,她迟早知道净心行善的意义。

是的,他恍然看见这个女孩子变成了千年后东方的女皇,她为他的经书写下了感人的"开经偈"。比起很多及身而没或不及身而没的君王,这个名为武则天的女主还算有一个圆满的结局,她的身边固然有过小人,但她从未远离贤良。她为他的这部《金刚经》、为佛法做过不少事,以至于人们还把《云何梵》都当作是她写的:"云何得长寿,金刚不坏身。复以何因缘,得大坚固力。云何于此经，究竟到彼岸。愿佛开微密，广为众生说。"

其实，他还知道差不多一百年前，东方大陆一位流浪的公子也曾有净心行善的功德。那个名叫重耳的公子带着随从路过一个地方，没有吃的，只好向当地人求食，当地人郑重地给了他一把泥土。公子很生气，他的一个随从告诉他这是好事，"天赐也。民以土服，又何求焉！天事必象，十有二年，必获此土"。重耳从善如流，恭恭敬敬地给当地人磕了几个头。……后来，后来的事就是重耳做了国君，在东方的"春秋五霸"中，他算是功业最圆满的人了。

一旦知道善、知道平等的意义，我们就能恭敬地践行。他悉知后世东方的人民流行把书写当作观察的对象，即使身在底层的人也知道"敬惜字纸"，顶礼斯文。他们长久地凝视文字被书写的一笔一画而得到了升华，这也是净心行善啊。他还看见优秀的弘一法师不断地为人书写，他说得好啊，他的字就是他的法。他听见一个理想主义者对人说，他不能多看弘一的字，他每次看时，都有一种悲从中来想大哭的冲动。

是的，在苦难的时代，在人情的柔软地带，理想主义者多有一种悲悯的、温柔的表达，有时候眼泪是我们净心行善、回报世界最好的方式。我们常见一个人跟某个感人的场景直面相逢时，泪流满面。在婚礼上，在葬礼中，在庆祝婴儿诞生的仪式里，我们都曾经不由自主地热泪盈眶。

他还悉见，一个从底层奋斗上来的女孩，她就像浪子一样，经历了世道人心的倾覆，在她成为第一夫人、有机会为人们服务时，也痛哭失声地请求人民的谅解、接纳。她的声音直道而行，感染了很多人。有的时候，理想主义者需要成为精英贵族，有的时候，理想主义者需要把自己锻造成为人民。这个第一夫人为自己，也为她的国家和人民铺垫了新生之路。

阿根廷，请别为我哭泣。

我细诉心底话，大家都会惊讶。

我曾犯过错，却盼你们仍爱我，

有过前车之鉴，你们未必会相信我，

在你们眼中，我就是当年的女孩儿，

锦衣绣袍，生活颠倒，不着四六，跟你们格格不入。

我想改变自己，不想永远随波逐流；

我怎肯坐在窗边，远离阳光而无能为力。

于是我选择了自由，东奔西走。

我尝试新的事物，但一切无足轻重，

没有什么留下印象，这本非我所望。

阿根廷，请别为我哭泣。

事实上我从未离开你，

即便当年任性、狂野不羁，我也守住底线，

请别将我拒之门外。

至于金钱和名利，

我从不奢望，它们不过是幻象，

难以解决真正的问题。

答案一直在这里。

我爱你,渴望你爱的回报。

阿根廷,请别为我哭泣。

事实上我从未离开你,

即便当年任性、狂野不羁,我也守住底线,

请别将我拒之门外。

我是否喋喋不休?其实我已欲语无言。

你们要做的事只是看我一眼,

就知道我说的句句都是真心真言!

——出自音乐剧《艾薇塔》(*Evita*)

第二十四章

福智

为什么说持诵此经的福德很大

事实上，故步自封、抱残守缺的人大量存在，还有一些人自以为聪明、有天赋的才华，他们都以为自己有智慧、有福报，以为自己完美，有理想的人格。这实在是一些没有智慧和理想的人，是无知者、无明者。

是的，最高智慧跟福德相关，这一关系既指人获得的福德，又指他施及周围乃至大千世界的福德，甚至说，两种福德一体无二。自己得多大的福德，一定能施与世界多大的福德；或者说，一个人给世界多大的福德，他自己才能得到多大的福德。在某种意义上，后一个表述更正确。我们很多人想当然，总以为自己先得了才能给予。这种心理就歪曲了福德，就离智慧、理想主义十万八千里了。这种结果往往被称为福报，是的，那个人聚敛了天文数字般的财富，那只是他的福报，有福，也会有报应。

就是说，我们生命中最向往的最高智慧，我们的觉悟和道心，我们的理想人格，不是靠我们的智商、我们的权力和财富就能获得的。因此精致的利己主义者固然得逞一时，但永远抵达不了最高智慧之境。

宇宙间的无上智慧、最伟大的理想主义并非我们个人渺小的存在，而是虚空，是他强调的空性，是无时不在流转的三千一念之轮。它无处不在，并给众生以存在的空间和功德。在太阳系内，最高的智慧是天地、日月，具体地说，是日、月、星的存在之光芒。在我们地球上，最高的智慧是地、火、水、风。它们无处不在，它们都是自利利他，自度度人。东方的圣哲说得好啊，"天长地久。天地所以能长且久者，以其不自生，故能长生"。

所以我们说，最伟大的理想主义者一定是慈悲的、利他的。在这中间，有形财富的奉献是有限的，而理想精神、道德光辉，像我们演说最高智慧的道理等，对于世界的贡献是无限的。就是说，我们最伟大的理想主义是给世界传播像阳光、空气和水一样的福音，让与闻者蒙福得福。

他知见后世的人们将有一个福报时代，由创造财富一步步发展到消费主义，自上而下都有了及时及物的快乐。但他们没有福德了。他们喝的水不再是自然状态的，而是被给予的水；他们呼吸的空气也不是身边的，而是需要净化后才能呼吸的空气。一个理想主义者马斯克悲观地认为这将是人的常态,他为此计划到火星给人类的栖息地建立一个备份,只是到了火星上,空气和水更是供应制的了。

他对须菩提说:"须菩提,如果有人用三千大千世界中所有须弥山堆积而成的七宝来进行布施,而另外有人拿着我们今天演说的这部《金刚经》,哪怕只是其中的四句偈原则,受持诵读,并且向他人宣讲,那么,前面那个人布施所得的功德,还不及后一个人的百分之一、百千万亿分之一,直到用算术、譬喻都不能比拟的程度。"

是的,用财富布施固然有福,但其福终归有限,这就像使用权力给人布施、给人提供机会,那固然积德,但其功德终归有形有限;同样,用知识给人布施,固然能开智受惠,但其智慧终究有限。它们甚至多少把布施的对象工具化、物化,而未能尊重对象为一具足的生命。只有视布施对象为一具足大千世界能量的生命,以传播开启其生命大门原则的福音,才是有着跟大千世界一样相当的功德。

是的,传播福音是有功德的。我看见西方后世有无数人传诵福音说,"虚心的人有福了,因为天国是他们的。哀恸的人有福了,因为他们必得安慰。温柔的人有福了,因为他们必承受地土。饥渴慕义的人有福了,因为他们必得饱足。怜恤人的人有福了,因为他们必蒙怜恤。清心的人有福了,因为他们必得见神。使人和睦的人有福了,因为他们必被称为神的儿子。为义受逼迫的人有福了,因为天国是他们的"。

第二十五章

化吾

凡夫之人以为有我

一个真正的理想主义者，一个拥有最高智慧的导师确实是能度化人的，但他从来没有想过自己救度了什么人。一个有自知之明的老师从来不认为某个优秀学生是得益于他的教导，假如他以为学生是因为他学到了知识，他也就失去了分寸，失去了自知之明。所以说，我们度化别人，其实是化无所化。

他问须菩提："你心里是怎么想的？你们大家不要以为老师会有这样的念头：我当度众生。须菩提，不要有这样的想法。为什么？因为实在是没有一个众生可以让老师度化的，假如有老师可度的众生，老师就有了我、人、众生、永恒的分别。"

有些人以为，度化众生是他的责任，是义不容辞之事，是当仁不让之事。这种想法就是有了我、人、众生、永恒的分别。东方的哲人喜欢说，化民成俗。西方哲人爱说，启蒙民众。谁能化民呢？谁又启蒙了民众呢？这些都只是一种方便说法，如果陷入其中，自居教化之主，那就把自己和教化的对象都工具化了，就强迫自己和他人变成了一种有限之物。就像老子观察到的，人类中会有人自居伟大、正确，自居革命者，自居理想主义者，强迫他人按照自己的想法生活，他们挽起袖子也要让自己和他人过一种所谓美好实则拧巴甚至罪性的生活，"上礼为之而莫之应，则攘臂而扔之"。

我悉知后世的一个作家很感慨地写道："他们似乎从来不曾明白，脱离普通人生活，我们不可能过得更好。这也是那些或左或右的正人君子多有富贵病的原因。劝说人们离开人类生活的主流，如人生正义、社会道德，而以行贿送礼、信仰宣教、特殊国情等孤立的道路去拯救其灵魂或生活，一再被用来尝试挽救文明或剔除社会弊病。但除了普通人所走的普通道路外，一切激进的或乡愿犬儒的手段都证明是罪错参半，都证明了其带来的问题比解决的问题更多。"

普通人的生活需要尊重、保证，这其实也是我们每个人的口腹之欲啊。但普通人的观念有时候又像金刚一样顽固不化，需要理想来化解它。比如普通人的身体观、生命观或说"我"之观念。如东方圣人所说："形固可使如槁木，而心固可使如死灰乎？今之隐机者，非昔之隐机也！今者吾丧我，汝知之乎？"是的，不仅吾丧我，甚至吾也要化掉，最后化无所化。

他对须菩提说："老师说有我，实质上世间并没有一个什么我在那里，但凡夫之人以为有我，每一个凡夫之人以为有我，所以世间有无穷多的我。这些我之间相互争夺、缠绕，如同泡沫一样现世即破灭。这些所谓的我连同凡夫都烟消云散，哪有什么凡夫存在呢，我们只是名为凡夫而已。"

很多人以为世界有我、有人、有众生、有长寿不朽，这只是世界呈现的假象，象也者，像也。这些假象中又存在着真实的世界秘密，那就是他们彼此连接，相映才能生辉，相照才能全知全能。如同凡夫之人，既是你、是他，本来也是你、是他，是那个遥远的又相容无间的全称之宇宙世界全然映照的我。

是的，弟子们从他这里得到了一些东西，但其实并非从他这里得到的，而是弟子们内在里有了向学的精神，从自性中获取的。这就是既化又无所化。我们经常看到听讲的人若有所思，甚至会心而笑，甚至手舞足蹈地说出来，只是因为讲的人触动了他内心固有的东西。所以怎么能说老师度化了学生呢？

换句话说，每个人在觉悟之前都是凡夫，在觉悟之后都是渡过迷暗之河的圣哲。他经常打的比方是，当我们睁开眼睛或打开听觉、味觉时，我们感知的包括我们色身所在的，只是有限的、局部的。但当我们闭眼，回到内心世界，我们发现自己是圆满的、全息的，跟三千大千世界精神相通的。这也是我们为什么需要有一定的日常时间用来静坐，在那种状态里，我们超越了日常生活，而把握到了三千大千世界。

而只要我们在这个世间，我们就像在渡一条漫长的生命之河。我们度化众生，何尝不是众生在度化我们？他看见后世的弘忍尊者在送弟子慧能过河时，师徒两人有精彩的问答，弘忍尊者问慧能："现在是我渡你，还是你渡我？"慧能应声回答："迷时师度，悟时自度。"

第二十六章

法身

命题：

如以三十二相观如来者，转轮圣王即是如来

我们经常有身心分离的经验，这种经验仔细观察下来，可以说，我们的身心状态并非只是二元对立，它是三种身心状态。这应了东方圣哲的话："道生一，一生二，二生三，三生万物。"也应了西方圣哲的总结：在我们的信仰精神中，在我们的理想层面，圣父、圣子、圣灵是三位一体的。后世的学者则以为，我们每一个人身上都有超我、本我、自我。我们一般把身心状态称为法身、报身、化身或应身。

报身有相，化身或应身着相，但法身无相非相。即使我们修行得好，我们有了报身、应身的诸多相好，就如弟子们传颂他的三十二相、八十种好，但它们并非他的法身。人们也不应该迷恋这种色相，只要心思在这上面，我们就无法妙行无住。弟子们还称他是如来，是理想的无处不在的精神，是如在眼前的理想人格。但如来跟相有什么关系吗？

他问须菩提："须菩提，你心里怎么想的，可以凭借三十二种相来看如来老师吗？以三十二相来辨识理想主义者，来认识最高智慧吗?"

须菩提回答:"嗯嗯,以三十二种相来看老师。"

他没等须菩提说下去,提醒他说:"须菩提,如果凭借三十二相就可以认识理想主义者,那么,具有三十二相的转轮圣王就是如来,就是理想主义者了。"

他在这里总结出一个公理般的命题:如以三十二相观如来者,转轮圣王即是如来。遗憾的是,人们多半为相所惑。人们为表达某种制度、精神、礼仪,还发明了制服。很多人以为自己穿上了制服就成为制服所表达的精神,自觉了不起了。这实在是沐猴而冠,甚至大错特错。所以愚昧的人们在遇到问题时,总是指望制服者到来。秩序乱了的时候,他们心想,警察怎么还没有来?有了冤情的时候,他们心想,法官怎么还没有来?社会沉沦的时候,他们想,国王来了就好了……而了解实情的人们会对制服者不屑一顾,你不就是穿了一身皮吗?

我们每一个人身上都有智慧,有理想精神,有豪杰气魄,但这些东西常常是沉睡得太深、太久,以至于我们示现的多是凡夫俗子的一面。我们太希望他人为我们提供某种东西了,这种东西其实是我们固有的。所以东方的智者说,"待文王而后兴者,凡民也。若夫豪杰之士,虽无文王犹兴"。

他看见后世伟大的理想主义者讲述过一个童话,那个名为《皇帝的新装》的童话流传了一百多年,皇帝在以为穿上新衣时走得多神气、多威风啊,当他一旦明白自己一丝不挂时,立马像个小丑一样灰溜溜地溜走了。揭穿他的孩子说,他什么也没有穿。其实也是在说,他并没有做人的样子,更不用说做国王应当有的样子。他的表现还不如后来一些优秀的演员,有一个"法兰西玫瑰",在舞台上走光了,她神情非常淡定,嫣然一笑,反而让人心生敬意。

须菩提明白过来,他说:"老师,按我理解您所说的道理,不应该凭借三十二相来看如来,来看一个理想主义者。"

他为此总结了一个公理般的命题:"若以色见我,以音声求我,是人行邪道,不能见如来。"

说到转轮圣王,在很多转轮圣王眼里,他本来是有机会成为国王或转轮圣王的。但这些东西就如同东方的孔子所说,"不义而富且贵,于我如浮云"。很多人把安身之所在的家国天下看得很重,就像丹麦的王子所说那是一个关乎尊严、关乎生命生或死的问题,或像东方人所说,"苟利国家生死以,岂因祸福避趋之"。

但实在的,如果把家庭、国家、地域之别跟自己捆绑在一起,我们就会承受无休止的考验;在那些以为当然不可分开的人眼里,家国或地域的荣辱就跟我们相连接了。是的,他也曾有这样的羞辱。燃灯老师给他授记说他号"释迦牟尼",有什么深意吗?可惜他并无机会问他老人家了。做释迦族的圣人,如何面对释迦族的灭顶之灾呢?

丹麦王子面对的羞辱他也有过,他承受的更大。当琉璃王率领大军去攻打他们释迦族时,他有力量让释迦族免受灭亡吗?他只能坐在他们必经的路上,以血肉之躯面对虎狼之师。琉璃王看见他坐在路上就退兵了,如此接二连三。在士兵们看来,路上坐着的只是一个讨饭的，顶多是个叫花子头儿；赶走，或杀掉，都可以，为什么需要退兵呢？事实上，他们的国王也是在考验我啊。

东方的周朝大军攻打商朝时，也有两个叫花子一样的隐修者去阻拦，他们就没有我的好运，他们被士兵们架到一边，大军继续开拔。他知道我经受的也是人生重大的关口，他无能阻挡琉璃国的魔性，只能眼睁睁地看着他们将他的释迦族斩尽杀绝。换句话说，整个释迦族活到他一个人身上来了。

这样的人性经验让他头痛了三天。

说到出身、认同的人生，我们既因其得以存在，又因其受到挑战、冒犯或受辱。有亡族、亡国之耻的岂止他在承受，很多人都在这一耻辱面前提交答案。东方的孔子，一生热衷于恢复周礼，他的思想和事业都跟大周捆绑在一起了，但他临终前不再梦见周公，他明白了自己应该认祖归宗。弟子子贡前来探望，孔子一面责怪子贡怎么来得这样晚，一面哭着告诉子贡自己是殷商人的后代,吩咐子贡要按照殷商的规矩来处理他的身后事。

孔子病,子贡请见。孔子方负杖逍遥于门,曰:"赐,汝来何其晚也?"孔子因叹,歌曰:"太山坏乎!梁柱摧乎!哲人萎乎!"因以涕下。谓子贡曰:"天下无道久矣,莫能宗予。夏人殡于东阶,周人于西阶,殷人两柱间。昨暮予梦坐奠两柱之间,予始殷人也。"后七日卒。

他似乎最能理解孔子临终前的心境。当然,后世人也多以孔子为知己,认同了孔子的大同理想。大唐的天子感慨:"夫子何为者,栖栖一代中。地犹鄹氏邑,宅即鲁王宫。叹凤嗟身否,伤麟怨道穷。今看两楹奠,当与梦时同。"

活着就是受苦、受辱。他不否认它们的存在,但我们必须解决它们。在这些天下之内的争夺中,无论有哪些名义,都需要超越。东方的圣者说得好,"兵者不祥之器""春秋无义战""四海之内,皆兄弟也"。这就是西方人所说的,我的国不在这一世界!或者说,万国之上有人类在!(Above All Nations is Humanity!)人类之上,有灿烂的星空,人类之内,有每个人心中的道德律。

第二十七章

断灭

他对须菩提说，不要以为诸法断灭

他几乎空掉了一切，他把身心、名相、事业、家国都空掉了。但他并非一味地说空。他也肯定过一些东西，比如善法，他还要肯定最重要的东西，那就是，宇宙尽管无始无终，或有生有灭，但我们拥有的一段仍是实在的，仍值得努力、接纳、肯定、创造。

我知道有些人自以为看透了命运的把戏，人变得虚无起来，他们不珍惜眼前的所有，自以为聪明得意。但时过境迁，他们又会懊悔不已。就像民间流传的孝道，"子欲养而亲不待"。还有一些人，他们以为自己独立地享用此生，以为自己获得了无上的智慧乃至无上的体验，但他们没有正常的亲密关系，他们只是习惯了跟这个世界相处，他们甚至有责任，有头脑，勇敢、负重、自律、矢志不渝，但他们没有了良心，他们对亲友也没有什么爱。有些人甚至离异、单身、无后，他们还给自己找到理由，以为自己明智、明哲，有智慧，在过一种理想的生活。

对于人生社会诸相、诸种关系、诸种经验的轻视，导致不少人生活在一种自鸣得意的状态中，他们以为自私、精致利己就通向了理想生活。这其实是南辕北辙。他看见后世的一位学者曾经辛辣地讽刺这种现象——"专家没有灵魂,纵欲者没有心肝,这个废物幻想着,它已达到前所未有的文明程度"。

他对须菩提说:"假如你有这样的想法——老师没有因为具足一切诸相,就证得无上正等正觉。老师无视眼前的社会关系,就获得了理想人格。须菩提,我劝你不要这样想。老师并没有等条件成熟,并没有把生活都一一体验,就获得了真理。不要因为真理本自具足,我们就不需要依靠外在的因缘而获得真理。"

他对须菩提说:"你更不要有这样的想法——太上忘情!发下理想主义大愿心的人,就斩断了世间的因缘,想拥有最高智慧的人,就不关心也不再有七情六欲了。千万不能这样想,为什么呢?因为真正的理想主义者,对于世间的一切存在不会轻慢之,更不会无视之、否定之。"

他的成佛经历本身就说明了问题,在离家学佛时,他经历了多少苦难啊,其中主动地苦行苦修就有六年时间。人们传说他在学佛时,魔王派出十大魔军来打击他,其实哪有什么魔王、魔军,一切不过是人身心中的贪、嗔、痴而已。我们的理想或智慧,时刻会被这类魔王、魔军扰乱,每一个人反求诸己,都能明白魔军是否在自己的身心之中安营扎寨了。这十大魔军是——第一军:爱欲;第二军:不乐;第三军:饥渴;第四军:渴爱;第五军:昏沉;第六军:恐惧;第七军:怀疑;第八军:恶毒顽固;第九军:名闻利养;第十军:自赞贬他。

经常有人以为自己是天才,自己善良,自己有伟大的理想,而放弃了学习、修行,他们不知道要成为真正的理想主义者,要成为智慧的化身,需要漫长、艰难的积累。就像渡河,未渡之前,怎么可以舍弃船筏呢?我们要从无明的此岸抵达光明的彼岸,怎么不需要工具和方法呢?他还记得菩提王子供养他时问的一个问题,一个人需要多久才能证道,他回答,只要具备五种精勤:有信、不病、不奸诈、有勤、有慧,就可能在七年之内实现。

他被人称为有大智慧的人,但他知道这并不意味着已经了结。每一呼吸之间都有着无量的惯习、嗔慢和倦怠,人生的诸种经验仍会呈现,甚至极端地撞击我们。他知道他离世的那一年将会遭到长时间的病痛,但他不会放弃呼吸之间的精进有为,他那时会对阿难说:"我已老衰,耄矣。我之旅路将尽,年寿将满,年龄已八十矣。阿难,犹如旧车辆之整修,尚依革纽相助,勉强而行。"

他看见后世消费主义的时代,人们都以为自己是应该消费的成功人士,或以为自己是有待成功应该消费的人士,人们很少省思自己是否获得了人生世界的方法和本质。人们无知于消费,跟他强调的布施等智慧人生正好相反,人们居然吹嘘、夸耀说消费人生就是文明在智能时代的智能生活,这种与布施相左的言行对智能文明真是一个不小的讽刺!如同尼采看到的与基督相左的虚无主义现象是资本文明的讽刺一样!

有些人虚无得只剩下一张嘴、一个胃或一个生殖器,有些人虚无得只剩下权位、财宝和知识。他们自以为达观、潇洒,但他们哪里有修行者的达观、潇洒呢?慧能说得好,"本来无一物,何处惹尘埃?"既然达观、潇洒,就应该把胃口、欲望都化掉啊。就像民间思辨所说的,人活着不是为了吃饭,相反,吃饭只是为了活着。活着不能为吃饭或消费一类的生活所绑架,所以后世的大德们一再强调,吃饭穿衣即是道。

如果接受自己命中置身的世界,那就不只是潇洒,更应该庄严其事。"不事王侯,高尚其事。"如果王侯指我们的权力、财富和知识,指我们的贪、嗔、痴的话,我们确实要注意人生的高尚和庄严。用神秀的话说,应该"时时勤拂拭,勿使惹尘埃"。

他曾经在河岸边虚脱,在那样几乎濒临绝境的身心状态下,他接受了牧羊女供给的乳糜,让他一下子感受到存身于世的温暖和知见,他由此明白了此岸与彼岸、无住和无断无灭的道理。后世的饕餮胃口确实扰乱了人心,扰乱了生灵的秩序,乃至我们生存的地球都受到影响。令人欣慰的是,即使在那样的时代,仍有理想主义者唱出了无断无灭的心声:

一个人要走多少路才被称为一个人?

一只白鸽要飞多么远才在沙滩安详?

炮弹要飞多少次才能够换来和平?

我的朋友啊,答案在风中飘零。

答案在风中飘零。

山峰要屹立多久才变成沧海桑田?

人们要生存多久才能够获得自由?

一个人要回首几度才视而不见?

我的朋友啊,答案在风中飘零。

答案在风中飘零。

一个人要仰望多久才能看见苍穹?

他要多么善听才能听见他人的哭声?

要死多少人他才知道已故的众生?

我的朋友啊,答案在风中飘零。

答案在风中飘零。

——［美］鲍勃·迪伦《答案在风中飘荡》

是的，活着、存在本身就应该是对无意义的抵抗，如果生存只是一种时光的消耗，只是一种存在的消费，那我们就应该拒绝，就应该抗争。这就是人们称道我们的，低眉菩萨，也会金刚怒目。他看到后世的一个哲人如此宣言："在社会之中做有用的人，就是让自己从群体生活中得到的，与自己对群体的贡献平衡。他既是一个人，一个有欲望、情绪、想法的人，他在群体中得到的与贡献的并不是看得见的财物，而是使自觉的生活更趋宽广深化——能够更深刻地、更有纪律地、更开阔地实现生活的意义。"

这部《金刚经》就是关乎心灵和存在的壮丽宣言，我们看到三千大千世界的真实，我们绝非虚妄断灭，绝不听任时空轮转而无参赞之行。如同后世的诗人对老年生活的愿心，"老骥伏枥，志在千里！烈士暮年，壮心不已"。后世的一个诗人还说：

不要温和地走进那个良夜,

老年应当在日暮时燃烧咆哮;

怒斥,怒斥光明的消逝。

虽然智慧的人临终时懂得黑暗有理,

因为他们的话没有迸发出闪电,他们

也并不温和地走进那个良夜。

——[英]狄兰·托马斯《不要温和地走进那个良夜》

(此处用巫宁坤先生的译文,以示敬意)

第二十八章

贪着

为什么说理想主义者不受福德

我还要告诉弟子们，一个真正的理想主义者对于世界是接纳的，又是不受不贪的。

对一个大菩萨、一个理想主义者来说，世间的一切都让他感恩，外界的给予、奉献让他总觉得受之有愧。他总是以精进勇猛的态度回报世界。当然，因为因缘的不同，有些理想主义者重在有财宝的布施，有些理想主义者重在有理想精神的感召，有些理想主义者则能够对佛法、佛性有极高的领悟和示现。

尽管他强调了理想主义者的福报，但实际上，理想主义者并不在乎他的福报有无、多少，很多时候，理想主义甚至意味着对现实的冒犯、挑战，理想主义意味着冒险、牺牲、奉献。但理想主义者知其不可为而为之，这一点，东方的圣哲有过精彩的表述："君子之于天下也，无适也，无莫也，义之于比。""夫仁人者，正其谊不谋其利，明其道不计其功。是以仲尼之门，五尺之童羞称五伯，为其先诈力而后仁谊也。"圣哲们甚至认为，只要进入了理想主义之境，只要与闻大道，获得了无上智慧，那么就是以死亡为代价都是值得的——"朝闻道,夕死可矣"。

至于西方的圣哲,同样看到了理想主义的牺牲一面。智慧者、理想主义者、义人,他们之得救,不是因为其结果如何,而是因为他们相信。而在庸众、凡夫中间,义人常常是要流血的,义人的流血之罪甚至不仅仅由凶手承担,也要由庸众、凡夫们承担,"流这义人的血,罪不在我,你们承担吧"。他看见苏格拉底在临终前委托那些判他死刑的审判官:"我儿子长大后,如果关注钱财先于德行,没有出息而自以为有出息,请责备他们,一如我之责备你们。"这位圣哲最后平静地说:"分手的时候到了,我去死,你们去活,谁的去路好,唯有神知道。"

我还看见一位理想主义者为理想而遭遇失明,但他坦然对待:

在茫茫岁月里,我这无用的双眼,

再也瞧不见太阳、月亮和星星,

男人和女人。然而我并不埋怨

神的安排或意旨,我依然充满了

热情与信心。我还能勇往直前,

忍受着一切。你要问什么在支撑我?

朋友,是一种认识:为保卫自由,

为完成这全欧闻名的崇高任务,

我才累得失明。即使我没有

更好的指引,就这种思想已足以

支持我了此尘缘,虽失明而无疚。

——[英]约翰·弥尔顿《赠西里克·斯金纳》

(此处用殷宝书先生的译文,谨表敬意)

尽管如此,他知道理想主义者仍会经受世人的考验,包括财宝福德的诱惑。但理想主义者经受得住这一考验,他们来到世上,不是为了享用福德的,而是为了听从召唤的。我们不掉入人们一再计较的自性或自我的泥坑,生存于世而能得成于忍,我们忍受我们应该忍受的,从而进入不生不灭、不垢不净、不增不减的彼岸，以此接受此岸的风和日丽或狂风暴雨。只有如此，我们不关心福德，就像行走在太阳底下一样，光明坦荡，福德与我们如影随形。

正如后世的一位学者论述说，义人就是"要人完成个人在现世所处地位赋予他的责任和义务。这是他的天职"。他看到后世的一位作家斩钉截铁地说，"我们来到世上似乎是为了延续那些为专制或蒙昧合力打算切断的东西，那一切东西，一个民族和文化上千年的理想和普遍价值，并没有被切断。……但我们确实是起步于一块空白的、真正荒凉而可怕的地方，我只是凭着直觉，致力于当代汉语的表达和经验，再造它与过去和未来连续的效果，重建它的形式和内容，用我自己的、新的，在我看来是当代的内容来填充它幸存的为数不多的、而且常常是遭到破坏的形式"。

他对须菩提说："如果一个理想主义者用满恒河沙数一样多的七宝布施，而另外有人，明白一切法没有自性，达到无生无灭的至高境界，那么，此人的功德远远超过了前者。为什么呢？须菩提，真正的理想主义者是不接受自己有什么福报一类想法的。"

须菩提问他："老师，为什么说理想主义者不接受福报一类的想法？"

"须菩提，真正的理想主义者对于所做的福报，不应有什么执着贪求，所以说不受福德。"

第二十九章

威仪

理想主义者

无处不在

对理想主义的想当然,其实还有很多。一些人看到我的日常生活无非就是来、去、坐、卧四种行为而已,就以为日常的言谈举止很重要,要注意行止的威仪。事实上,真正的智者、义人对此威仪也是要超越的,他既不否定,也不做更多的肯定。

一些圣哲把容止提到教育人、教化大众的高度,众生也因此认为容止是重要的。就像我周围的人以为我之所以被称为如来,如在眼前,就是因为我在日常生活中的举止如此,让人们想起我来好像我就是在来来去去之中、在坐卧之中。就像很多人把理想主义者看作风尘仆仆的样子,是随时紧张起来的大忙人,不是在这里奉献,就是在那里修行,好像一直处于行礼如仪的生活中。这是对我们大大的误解。

真正的圣哲、理想主义者,他的威仪不在于表面的来去坐卧,他无所谓来时有什么威严,去时有什么礼仪。他给人的印象其实是来时不等于莅临过,去时不等于离开了。理想主义者的精神一直都在,如在眼前,不存在所谓的暂时离开或突然而来。后世的理想主义者认为监狱和研究室是修行之地。真正的理想主义者从监狱出来就像度假归来，暂时的离开反而让他们精神更饱满了。就像我们理解的阳光、空气和水，它们一直都在，一旦我们意识到它们在的时候，它们就显得格外鲜明。就像后世科学家们讨论光的波粒二象，光并不只是流动，它本来就像粒子一样无处不在。

他看见后世的理想主义者说，"你未看此花时，此花与汝心同归于寂；你来看此花时，则此花颜色一时明白起来，便知此花不在你的心外"。

理想主义者在表述理想或至高智慧时说过，"道极高明而近中庸，致广大而尽精微"。理想主义者还说，"天命之谓性，率性之谓道，修道之谓教。道也者，不可须臾离也，可离非道也"。西方的先知们则传递过这样的声音，"我是阿尔法，我是奥米伽，我是首先的，我是最后的，我是初，我是终"。诗人为此说，"在我的开始是我的结束，那本来可能发生的和已经发生的，指向一个终结，终结永远是现在的足音在记忆中回响。沿着我们不曾走过的那条通道,通往我们不曾打开的那扇门"。

他为此对须菩提说:"须菩提,假如有人说,如来就是或来或去,或坐或卧,那么这个人并不明白我所说的义理。为什么?所谓如来,无所从来,也无所去,所以叫作如来。"

是的,如来从未离开。我们常见一些人总指望外在的权威、偶像来赋予当下的生活意义,来评判当下的生活,人云亦云。一个作家也曾感慨地说,"尽管我们有罪孽,不诚实,易受诱惑,但无论如何,世上某处总还有一位圣者和高人;他有真理,他知道真理;那么真理在地上就还没有灭绝,将来迟早会转到我们这里来,像预期的那样在整个大地上获胜。"但这并不全是生命的本质,生命的真相更是,生命自身具足真理,生命自身就能命名、审判。这一觉知力从未离开生命,从未抛弃生命,只是需要生命能够更勇敢地明辨、更虔诚地祈祷、更愉快地相信、更坚定地抗争、更热烈地爱。诗人为此还说过:

如果我们能够看见他

如果我们能够看见

不是这里或那里的茁生

也不是时间能够占有或者放弃的,

如果我们能够给出我们的爱情

不是射在物质和物资间把它自己消损,

如果我们能够洗涤

我们小小的恐惧我们的惶惑和暗影

放在大的光明中

—— 穆旦《隐现》

第三十章

合相

为什么说
对不可说者不可说

现在是到了面对世界的时候了。我们活在大千世界里，很多人以为山河大地都是永恒的，很多人以为把名字刻入石头、刻到山崖间是可以托付的，但真是永恒的吗？真是可以托付的吗？沧海桑田，千万年后，这些山河大地已经面目全非。石头、山崖都已经消失，何况上面的文字。

对于很多人以为真实不虚的大千世界，如果推敲一下，就知道它是由无数微尘般的东西组成的，我们可以称为分子、原子、粒子，不断地细分下去，你会发现它最终是一个空，这才是真实不虚、虚而不虚的。如果把一块石头击碎，我们在专注情况下看那微尘四散的过程，像大爆炸一样几乎充满了虚空，那过程像慢镜头一样清晰地表明，石头不过就是微尘的结合、集合或和合。就是说，反过来，我们把这些微尘像吸铁石吸附铁屑一样吸附为一个整体，它就是一块石头。大千世界也就是这样的石头。

就像爱情。很多人习惯了爱情的年轻过程，从一见倾心、相视而笑，到握手言欢、拥抱抚摸，到合体交欢，似乎是层层递进地实现了自我，或成全了对方，是彼此的抵达；但修行者、年长者却是反向的，从合体拥抱获得欲乐，到握手言欢，到相见而笑，到彼此的存在本身即成欲乐和意义。是的，我们常见的老年夫妇，他们不忧不喜，但只要看到自己的另一半，他们就踏实、满足，这相当于层层退藏地成全了自我，也成全了对方，是彼此的守护。爱情的这种递进或退藏，里面就有世界的本质在，世界从汇聚到分散，从分散到汇聚，不过就是因缘的起起灭灭。

同理，对待有限的生命，我们既需要正视它的顺向过程，比如说无明、行、识、名色、六处、触、受、爱、取、有、生、老死，等等，更需要省思它的逆向因果，直面无明，从而了断生死。

很多人以为自己睁开眼睛、打开耳朵后就不再是无明状态，不知道无明跟自己如影随形。有的时候，无明甚至大到以"色声香味触法"的名义或力量左右了我们。后代学者提出"无知之幕"，就是看到了无明对文明的伤害。

他看见权势滔天的鱼朝恩问慧忠禅师："何者是无明？无明

从何而起?"慧忠禅师回答:"佛法衰相今现,奴也解问佛法?"鱼朝恩勃然大怒,慧忠禅师说话了:"此是无明,无明从此起。"鱼朝恩恍然有悟。但这个鱼朝恩并没有大悟,他还是在无明的道路上生活,最后落得被杀死的下场。

关于无明,民众还总结说,"一把无明火,烧毁功德林"。只有正视无明,才能正视世界的积淀和毁灭,正视人生聚散生死的本质。

无明如此,世界之中的一切也就可以理解,没有什么是固定不变的,没有什么是永恒的。我们有些牢不可破的观念,我们有些辛辛苦苦,甚至经过千万年无数人积累的观念,只是一种假说而已。比如我们生活中最重大的节日——过年,很多人年复一年地过年,以为这是一个重大的了不得的时间节点,是里程碑一样的标记。但在世界的眼中,在更高层面的眼中,所谓的过年,不过是我们的地球绕着太阳转了一圈。如果宇宙之中的外星人看到我们庆祝过年,会奇怪,这些人的星球绕着他们的恒星转了一圈有什么好庆祝的呢？

这里面就有我们人类的贪恋，就像对爱情的贪恋一样，人心之苦，就有爱不得之苦，有怨憎会之苦，其原因不过有贪恋而已。我们人类对世界的贪恋，还在于总想把世界抓住，想依靠世界，寄望于世界；有人因此不断地聚敛财宝、知识、权力，抓到手上才觉得踏实；有人因此陷入对世界无休止的研究，总想飞到宇宙最遥远的终极地带寻找什么，或把物质无限细分到不能细分的终极点，寻找所谓的真实、真相。这都是一种贪恋。而我们追求的最高智慧、最高境界，我们所说的理想主义者，我们的清净心，都能直面世界的这一本质。

一个曾经执着追寻世界本质的科学家感慨："当科学家千辛万苦爬到山顶时，佛学大师已经在此等候多时了。"

他为此问须菩提："如果有人把三千大千世界碾碎成微尘，你说这些微尘是不是很多？"

须菩提说："是的，老师，有很多。我为什么这么说呢？如果微尘很多是实有的话,老师就不会说微尘很多。为什么呢?老师说微尘很多,其实并非表明微尘很多真实不虚,只是名为微尘很多。老师,您老人家所说的三千大千世界,也是虚幻不实的,只是假名为三千大千世界而已。为什么呢?如果我们把这个世界看成是实有的,那么它不过是很多微尘积聚而成的一个所谓整体。这个整体本身并没有独立的自性,所以说它并非一个实在的整体,只不过名为一个整体而已,用我们的话说,不过是一个和合而成的相体而已。"

他说:"须菩提,这个和合而成的相体,实际上是无法言说的。但一般的凡夫不明白这个道理,所以才会对这样一个虚幻的相体贪恋执着。"

第三十一章

知见

存有知见的人

不会理解理想主义

对于贪恋，其实我们仍有一些牢不可破的执。因为我们直面世界的空虚时，仍残留有一些知见，很多人以为那是他最后的"觉悟"、最可贵的东西；或者就像有些人说的文明的第一推动力，原原本本的东西。但无论是最初的还是最后的，那些知见极容易蒙蔽我们。一个言说佛法的人，跟一个言说神明的人，真的是鸡同鸭讲吗？他们不都是假借一个名称在谈论最初的和最后的因果吗？为什么陷在知见的名称里跟他人水火不容呢？老子说得对啊，"道可道，非常道；名可名，非常名"。

一旦立足于知见，一些大哲都难以免俗。就像说世界，西方的圣哲追问，当世界坚定不移地走向毁灭时，善还是永恒的吗？东方的圣人则肯定地说，"万一大地山河都陷了，理毕竟还在这里"。这些问，这些肯定，都是一种贪着。有些理想主义者面对挫败时说，毕竟理想精神是不朽的；有些理想主义者则给自己打气说，我们理想主义者是无所畏惧的……这样的理想主义者都不够彻底，因为他还有着寿者不朽的念想，有着畏惧的心思。

我们要成为世界，要做最伟大的理想主义者，我们就应该像世界一样空掉一切，像理想一样在空中无所不在。只有如此，我们才能无所知而又全知，才能外其身而身存，得到全部的时间、空间又一无所得。

有些工匠经过苦修掌握了某种工艺的技能或秘密，他总是把这种知见看得太重，不肯轻易传人。说自己好不容易才得到一点宝贝，怎么能轻易说出来呢？他们以此知见傲然于世，又停留在自己拥有知见的患得患失之中。结果他们传授的知识总是有所保留，最后，他们的知识随着他们的身体被带进了坟墓。

还有一种现象，以为任何知见都是应该受到保护并广为传播的，任何好的方法、技艺、机制会因此改良得精益求精，最后技艺和制度就能保障、保护人。这样的知见也是对理想主义的消解。有些地方的人为此要建筑巴别塔，以便能够实实在在抵达天国。还有些地方的人以为机制决定一切，却不知道是人在弘道，是理想主义者点亮了机制的良性一面；机制并不能保证人遵纪守法，大道并不能保证可以弘人。

因此，人必须时时处在这种理想主义的清净状态，可以休

息,但不可以怠惰。如此才能真实不虚地参与时空的演进。就像诗人对理想主义者的描述一样:

风从千万里外也会

掠来些他乡的叹息:

我们走过无数的山水,

随时占有,随时又放弃,

仿佛鸟飞行在空中,

它随时都管领太空,

随时都感到一无所有。

——冯至《十四行集》

他为此问须菩提:"如果有人到处宣扬说老师的我见、人见、众生见、寿者见的观点,你觉得怎样,这个人理解我所说的道理吗?"

须菩提说:"没有,老师,这个人没有理解老师所讲的道理。为什么呢?老师说的我见、人见、众生见、寿者见,并非我见、人见、众生见、寿者见,只是名为我见、人见、众生见、寿者见。确实,我和其他弟子平时也经常会说,这个问题老师曾经说过什么观点,那个问题老师做过什么表述,但事实上,引用的弟子并不是在表达老师的或真正的道理,他只是在表达自己的道理。有些人甚至动辄说,某人曾经说过什么,借以证明自己或证明说话人的是是非非,但实际上他并不理解某人和他的话。"

是的,我们理解这个世界太容易想到已有的知见,太容易受众声喧哗的影响。七情六欲的烦恼好不容易度过去了,但才学一类的自得、理想一类的精神却很难解脱,它成了另外一种烦恼。或者说,青年时期的烦恼多半是身心的利益欲望,成年、老年的烦恼却是他的知识,他为他已有的知识、名相等困住了。后世的一个诗人为此说,我年轻时领略过一种高尚的情操,我至今不能忘掉,这是我的烦恼。人们常说,利心易去,名心难除,名利心除道心生。

他对须菩提说:"真正的理想主义者,那些发无上愿心的人,对于世间的一切法则,都应该这样了知、这样观察、这样信解,不生法相,不起分别心,不生法则一类的念头。须菩提啊,我们所说的法相,其实都是虚幻不实的,只是名为法相。"

要做到知见不生,何其难。对众生来说,在他一无所有的时候,反而拥有了太多的束缚,太多的痴心妄想。当然,在底层一无所有的众生也最容易从劳劳碌碌的劳动者转变成为理想主义者。就如同他和他的弟子们,靠化缘生活,但他们为大千世界提供了何等丰沛的力量。

第三十二章

应化

他告诉须菩提
如何为人讲解这部经典

他说过太多的话，他的说法该告一段落，他要回到沉默安静的世界里了。唯有那个世界才如眼前的山川一样，才如天地一样。他跟弟子们的互动如繁花、如星空，现在需要他进入安静的世界，如秋林、如冬木，他将因枯萎而进入真理，用哲人的话说，"吾游心于物之初""与天地精神相往来"。

所有的示现，所有的教化，也并非真实的。那只是随缘点化，所有众生都能自性自度。就像此刻，他和成百上千的弟子生活在这里，如梦如幻。刚才还闹哄哄地化缘、吃饭、收拾衣钵，又一下子安静地听他和须菩提一往一来的问答。再过一会儿，有些人进入自己的世界，有些人进入禅定的世界。他想到未生怨国王来拜访他时的情景，他带着500头大象以及庞大的队伍前来，发现我和1250人禅修的安静场面时非常震惊，因为他认为1250人相处不可能如此安静，能如此安静的原因只有一个，就是这些修行人有什么阴谋。当未生怨国王终于放下心来，看到跟他在一起静坐的弟子们的神情时，感慨地说期望他的儿子也能获得这样的安详寂静。

在外人眼里，这群要饭的修行者多不切实际啊，他们吃了上顿没有下顿，却还能在那里扯淡，还能有工夫睡觉。这些人忘记了，修行者对世间生活的某种放弃，是得到了更多、更大的世界。东方的智者说过，"绝利一源，用师十倍"，就是这个道理啊。

有些通过学习、工作挣得社会地位的人又去读书学习，他们的朋友多不能理解，都有家有业的人了，还去当学生，多浪费生命啊。他们不知道，这个朋友的日子，才是对生命的珍惜和开发。在喧嚣、忙碌的世间生活，有多少人能够重新进入一种纯粹的生命情境呢？所以，有些讨饭的朋友如此坚定：要饭三年，给个皇帝也不换。

遗憾的是，在外人眼里，我们这些人是活在空幻中的人，是没有享受到世俗生活趣味的人。他们可能永远不知道，我们自有乐趣，并有着生命最充实的愉悦。这些人可能永远不会知道，我们这些理想主义者的存在价值，我们不是吃白食的，我们也不是懒汉，相反，没有人比我们更精进勤勉。生活日久，会走向无序，我们是秩序的建设者。社会因循，失去创造，我们是创造的提供者。

如果只是活在世俗的生活中，没有我们这种理想精神的照耀，没有超越性的校正，世俗生活会失去秩序，失去伦理，败坏了人心。甚至说，对于世俗生活来说，只有理想精神才能赋予价值，才能救赎它。是的，就像千百年后，我们最伟大的理想主义者之一，东方的苏东坡，也是借理想的超越眼光才得到救赎一样。苏东坡被贬到海南，人生几乎陷入无望的境地。他遇到了一个乡间的老婆婆，老婆婆跟他说："学士昔日的荣华富贵，只是一场春梦啊。"

他为此跟弟子说："须菩提啊，如果有人以充满无数世界之多的财富来布施，如果有人发心寻求真正的自由，受持、读诵，并且为别人解说我们今天的经典思想，哪怕只是其中四句偈的思想原则，他所获得的福德远远胜过前面那个人。那么，应当如何为世人解说呢？应当不执一切法相，如如不动，像在最安静中生长的智慧一样，就像宇宙那最寂灭的起点具有的能量一样。为什么呢？

"一切有为法，如梦幻泡影，如露亦如电，应作如是观。"

当他讲到这句话，他的说法就此结束，他的言语顿时寂灭。须菩提以及在场的众多弟子，比丘、比丘尼、优婆塞、优婆夷，一切世间的天、人、阿修罗，听了他的说法，身心都有无限的欢喜，都起信发愿当切实奉行、认真地生活。

是的，我们都有这样的经验。一次精神密集、富丽的谈话、讲座、会议，其情境在与会者心里似乎久久不曾消失，用大家的说法，在场的氛围、在场人的神情或音容笑貌如在眼前随时播放，如在心中久久回荡。人们的生存似乎都得到升华，不仅参会的人们举意要在新世界里庄严利乐，就是在场的房屋、石头、花木、空气、昆虫、羊牛和鸡犬等，天、人、阿修罗，都似乎受到了加持，鸡犬升天，羊牛下来，众生获得了殊胜的能量，皆大欢喜，信受奉行。很久以后，后人来到现场，仍会心向往之，甚至感觉遗址中的砖瓦石块仍留存当初的能量和信息。

在入定之前,他眼前出现千百年后诗人的话来。是的,"留他如梦,送他如客"。

因为领受那些意想不到的遭遇,

我们常常忘记了生命的存在,

像在梦中忘记了是在梦中。

我们保留住生命不过保留着一个梦境,

不由我们操纵,不用我们指引。

放弃那些应该放弃的。

虽然我们还恋念着光阴,

像春日里送走水一样的客人。

我们送走生命不过送走了一位客人,

有一点儿惆怅,有一点儿欢欣……

—— 余世存

是的,他好像做了一个梦。当他睁眼,看见弟子们都在入定之中,似乎刚才的一切并没有发生,只是在他的梦里发生。但当他闭上眼睛,这部《金刚经》的演绎过程又清楚地呈现,甚至几百年后被写出来、千百年后流传的过程清晰地呈现。

如果你考证出这部经典并非他住世时演绎,考证出它并非经典不刊之论;如果你思议这些不可思议的般若,以为它有这些或那些微言大义,如是如是,你的心思正如梦幻泡影。在你的得意之处,在你的绝境之际,在你归于寂灭的时候,大千世界无处不储存着并随时开放着他的声音。

后记

2021 年 3 月妇女节初稿

清明节修订

夏至再订于北京

这部书的写作是一个意外。

很多年前汇注《金刚经》时,我没有想好怎么给人介绍《金刚经》。但我知道大家对《金刚经》的误解非常大,汉译《金刚经》,特指鸠摩罗什译的《金刚经》,早就是千百年来的汉语经典,是影响过唐、宋、元、明、清无数文化大家的经典作品,它给李白、王维、白居易、苏东坡、黄庭坚、朱熹、王阳明等人提供了灵感、方法,提供了思想资源和精神哲学。到近代,有人认为,《金刚经》在一般家庭中的地位和影响要高于四书五经。至于书写,在《千字文》《桃花源记》《归去来兮辞》等之外,《金刚经》也是历代书家和文化人书写的首选作品之一。大概有这样的流传历程,现代中国的启蒙思想家胡适才在国学经典中,把《金刚经》列为必读书之一。

《金刚经》是国学经典。但在当代,《金刚经》在文化界和知识人那里受到的误解最大,很多知识人以为它是一部宗教经典,从而回避它。另外,在社会大众那里,《金刚经》

又是一部非常实用的经典。在诸多明星、学者的助力下，如王菲、蒋勋、刀郎等人的念诵、说唱，使得《金刚经》在社会上极为普及。

我在很多年里对宗教人物敬而远之，一旦接触，也是尽量以世人的眼光去打量。六七年前，在发现时空跟个体生命的关联时，我有机会数次到泉州接触弘一大师的墨宝和法语。大师是十月中下旬出生的人，我立刻猜想到他身体不太好，骨质疏松、关节炎症、免疫力差等，或许这样的折磨使得大师在律宗中精进修行，使得大师对无常和人生之苦有透彻而通达的认知。

在接触弘一大师的研究者时，我把我的猜想告诉了他们，希望他们提供资料。但直到前两天修改《金刚经》书稿时，我突然想到大师，又去搜索有关弘一大师的资料，发现网上新出了一篇介绍弘一大师的文章，披露他为神经衰弱困扰一生，晚年四肢浮肿、溃烂等情形。这让我既惊奇又难过。惊奇的是，这篇一周前发布的文章印证了我多年前的猜测。难过的是，大师出家后的二十多年里，身体一直时好时坏，他自己通医理，能给自己治疗，修习律宗极为严格精进，但我没想到他仍受病痛的折磨。

这让我想到自己的病痛。我受免疫力弱带来的腿脚等关节病痛也有十几年之久，求医无数，在写作这本书期间也发作多次，曾经长达一个多月行走不便，感觉在地狱、炼狱之中一样。那真是求生不得，求死不能，时常觉得自己已经"一佛出世，二佛升天"，或直入"无所有处""非想非非想处"。严重时以为一切都如梦幻泡影，稍好时，除了两脚僵硬不良于行，整个身躯又健康得令自己吃惊，尤其是头脑的清明自在极为殊胜。虽然走路不尽如人意，但一旦坐在椅子上，我又觉得自己是精神世界上的王者和豪强。我抓住可能的机会修订书稿，那时候，身体、口腹之欲等都微不足道，只有言语、思想世界中的人物事件才是我能开花结实，跟世界形成布施和般若的功德。

我想我的感受，弘一大师早就经历了，所以他才在出家后做那么多的功德。我印象中在泉州有一条小巷子，据说大师经常坐在巷口，给当地有需要者写字，他的字就是他的法。

弘一大师的案例给了我某种信心，就是我们可以，也应该平实地看待宗教人物及其作品，不必因其"教内别传"而自轻自迷。精神世界跟日常生活世界并非有鸿沟阻隔，而是息息相关。

我没想到我的北大同学们请我讲《金刚经》，我很愉快地接受了邀请。

在病痛的日子里，我花了半个月时间写作讲稿。在等待讲座到来的日子，我开始写《金刚经》的稿子。最初是如南怀瑾等人那样串讲，但我很快放弃。我选用了我最擅长的写作方式——还原，或回到现场的方式，设身处地，这种方式我在写《老子传》时采用过，在写《己亥》时也采用过。

讲座结束后，我发现大家有不少共鸣。当然，我更吃惊的是，北大两千多同学中，至少有一二百人对《金刚经》了解，其中有人非常熟悉。这个比例，应该高于大家对《论语》《道德经》或希腊哲学的了解。这让我更相信，《金刚经》不仅是古典中国上千年的生活哲学，也是当代人的心灵哲学。而我对《金刚经》的理解，也在讲座之后更上台阶，我的《金刚经》，不仅是提供新的结构、角度，也不仅是第一次提出《金刚经》跟理想主义的关系，更重要的是，我要把网络时代的共识或智能成果告诉大家。悉知悉见世界的变迁，本来只是先知或极少数人的灵性经验，但在当代社会，它应该成为大众的常识。这才是文明社会智能生命应有的内容。

在写作期间，一些朋友听说后表示期待，对佛理有研习的杨向群兄问过本书的形式和规模。他说几万字的内容是不是有些不过瘾，南怀瑾等人的《金刚经》书都是厚厚一大本。南先生的书我读过，但我觉得"文章是自己的好"。《金刚经》本来只有五千字，我写几万字已经是"佛头着粪"，不能再过了；我能宽慰的是，自己为释迦牟尼做了一点事，还原了他的一些言路、思路或心路。有些人甚至以一二百万字的规模去讲解《金刚经》，那么大的部头让我敬畏得只有远之。

《金刚经》是一次思维和心性的盛会，我们普通人都看到了它的庄严、华美或"不明觉厉"。但很多解读《金刚经》的书都背离了释迦牟尼那样循循善诱的慈悲和阿耨多罗三藐三菩提心，那些书多半是讲师跟听众之间的关系，讲者真理在握，必要听者接受。我能宽慰的是，我的书把读者带入释迦牟尼的境地，读即成佛，读时即在妙香净土。

铺陈释迦牟尼在集会上的心思是一种冒险，但我却体会到这一险恶的新生之旅的愉悦和圆满。除了把释迦牟尼的故事加入其中，我还引证了不少东西方的人物、诗文，尤其是当代的一些人文案例，以说明大千世界知道它自己的展开，全能的"眼与心"悉知悉见千百年后的人世悲欢和新生的功德。

但这些创造的冲动没有消除我的某种不安。书稿再三修订之后，我想到了作家魏真，她是懂佛法的人，我请她帮我审读。她的反馈给了我信心，她最后一次说："整本书稿的内容构思奇特，角度新颖，有自己的独立创见，也有点标新立异，可能会有争议，但我喜欢这种写法！研究佛经，解读经典，一般只按照佛说来解义，有的甚至会觉得用道家思想阐释佛家思想都违逆了，但这只是谬论。佛理其实不可说，所有说都是戏论，甚至连思维一下都是妄念，但这种境界无人能达到，所以不妨一说！"

即使如此，我还是没有把书稿拿出来。书稿在电脑里存放期间，我会经常想起，并时时修改，这种修改书稿的时间之富丽大概没有任何一种时间能与之相比。在修改中，我想到把《金刚经》的大事因缘做成一个年表，没想到资料太多，以至于我只能做若干取舍，如是我闻，就是目前的"大事因缘世纪年表"。

这个年表值得读者一看，其中信息丰富，相信会对读者有启示。当然遗漏也不少，甚至故意漏掉了极重大的《金刚经》感应内容，这方面的材料非常多，自唐朝就有人收录，甚至在大型的丛书中设有专题来传播《金刚经》的功德；以至于有人声称《金刚经》是中国人的伦理教科书，相信善恶报应、相信功德和感应使《金刚经》成为唐宋以来中国人的信仰之一。在我看来，对一种事物（人或物或语言文字）持续的观照，当然会改变人的气质和世界，从而心想事成。心理学或物理学都能解释这一现象，人们没有必要大惊小怪。这种感应相当于现代人几乎离不开的Wi-Fi，《金刚经》就是受持读诵者的Wi-Fi，通过跟《金刚经》的连接，人们感应到了世界的真实不虚，自己进入大千世界的不可思议。

编订了"大事因缘世纪年表",我的工作总算告一段落。我可以跟读者们分享了,如魏真所言:"不妨一说。"但在手中再三摩挲之际,我自己也有了几种感应。最显明的,莫过于多年如同炼狱的身体恢复了自信,在中年阶段,身体自信的可贵不言而喻,我的感应也难以言喻,身体较之骄傲的我更知道感恩。其次是我明白了"不立文字"的美妙,自识字发蒙以来,每天不阅读、不接受外界信息即以为白过的状态,在这段时间突然消失,我在白天长达四五个小时内无知、无识、无欲,那种空无之境实在难以言喻,亦弥足珍贵,我在整体上理解了历代禅师参悟的秘密,他们通过最简洁的文字、图景突然抵达了一个文字难以言传的世界。最不可思议的,此书稿给杨志鹏老师审阅,他再三赞叹之余,要我注意慧能大师以文盲之身开宗立派的功德,我以为不可思议而不敢阐释,结果就是我自己突然抵达了"教外别传,不立文字"之境地。凡此诸种,我以为是《金刚经》的功德加诸受持读诵者,真实不虚。

我为此向读者奉上这本小书,希望开卷有益,读即成佛。每一个人成为他自己生命中的伟大觉者。

大事因缘
世纪年表

☸ 公元前 6 世纪至公元前 5 世纪

—— 释迦牟尼住世，约与中国的孔子同时。释迦牟尼多次提到"后五百年"，其大时间尺度跟中国的孟子、司马迁所处的时代可比。孟子一再说："五百年必有王者兴，其间必有名世者。"孟子还说："由尧舜至于汤，五百有余岁，若禹、皋陶，则见而知之；若汤，则闻而知之。由汤至于文王，五百有余岁，若伊尹、莱朱，则见而知之；若文王，则闻而知之。由文王至于孔子，五百有余岁，若太公望、散宜生，则见而知之；若孔子，则闻而知之。"

司马迁说："夫天运，三十岁一小变，百年中变，五百载大变；三大变一纪，三纪而大备：此其大数也。为国者必贵三五。上下各千岁，然后天人之际续备。"

有人认为，释迦牟尼预言后五百年出现的王者乃是走上十字架的人，这与他为歌利王割截身体不生嗔恨相同。无论如何，公元前后成为人类文化的一大时间坐标。

☸ 公元 1 世纪

—— 大乘佛教经典之一《金刚经》诞生。如孔子后的思想家们著书立说托名孔子一样,《金刚经》的作者也托名释迦牟尼。在"箭垛式"归功于原创思想家的态度上,东西方别无二致。传说释迦牟尼宣讲佛法49年,有22年在讲般若,《大般若经》共分4处、16会,《金刚经》是释迦牟尼在第二处给孤独园般若会中所讲的内容。

《金刚经》作者为了争取读者,曾在文本中说:"如来灭后,后五百岁,有持戒修福者,于此章句能生信心,以此为实。"《金刚经》作者的这一自觉觉他的生命情怀一如司马迁说的:"先人有言:'自周公卒五百岁而有孔子。孔子卒后至于今五百岁,有能绍明世、正《易传》,继《春秋》,本《诗》《书》《礼》《乐》之际?'意在斯乎!意在斯乎!小子何敢让焉!"

值得注意的是,读过《金刚经》原典的人以为其文本质朴,并无殊胜之处。

《金刚经》最早是用印度梵文写成的,5世纪初传入中国后始有汉文译本,之后又相继出现藏、蒙、满、和阗、回鹘、粟特等多种少数民族语言文本。近代以来陆续出现日、英、德、法等西文译本。据统计各类译本共有五十余种。

64年,东汉明帝梦见金人。《后汉书·西域传》

载:"世传明帝梦见金人,长大,顶有光明,以问群臣。或曰:'西方有神,名曰佛,其形长丈六尺而黄金色。'帝于是遣使天竺问佛道法,遂于中国图画形像焉。"

公元 4 世纪

— 382年,淝水大战前夕,苻坚派大将吕光征西域,希望将龟兹人鸠摩罗什请到长安(今陕西西安)。吕光将鸠摩罗什劫至凉州。三年后姚苌杀苻坚,灭前秦,吕光割据凉州,鸠摩罗什随吕光滞留凉州达十六七年。后秦弘始三年(401)姚兴攻伐后凉,亲迎鸠摩罗什入长安,以国师礼待,并在长安组织了规模宏大的译场,请鸠摩罗什主持译经事业。汉译佛经不仅给汉语带来了众多观念、词汇,还在音和字、意、句法、文体等诸多方面影响了汉语。

公元 5 世纪

— 402年,鸠摩罗什在长安逍遥园西明寺译出《金刚经》。罗什译本比原本华美、精练、流畅,自此,罗什译本成为汉语言的经典,后来诸译各有特点,在流传上未曾超越罗什译本。日本、韩国等，至今仍流通此一译本。若干英译本也是依据罗什译本翻译的。清末时，有人认为它的地位超过了四书六经，"《金刚经》自西域传入中华，上自王侯绅士，下迄牧竖樵夫，靡不家置一编，顶礼而供奉之。较四书六经，倍加尊重"。

—— 罗什弟子僧肇（384—414）著有《金刚经注》，自此以降，注家蜂起，至初唐时期有"八百家注"之说。论者以为，这一注解大体分三个阶段：一、该经初译时期（南北朝至初唐），这一时期的中国高僧，将该经视为在义理上有缺点的"不了义经"；二、初唐至明代中期，佛教主流大体将该经视为虽然"不了义"，但却含有"密意"的经典；三、明末以降，《金刚经》全盘被接受，并被视为最究竟、最高深之经典，被视为"诸经（之）祖""诸经之根"。

—— 陶渊明（365—427），东晋大诗人，其诗，儒、释、道思想兼备，多有佛理，如《饮酒二十首》之五："采菊东篱下，悠然见南山。""此中有真意，欲辨已忘言。"《拟挽歌辞三首》之一："有生必有死，早终非命促。"《形影神·神释》："甚念伤吾生，正宜委运去。纵浪大化中，不喜亦不惧。应尽便须尽，无复独多虑。"《自祭文》："陶子将辞逆旅之馆，永归于本宅。"《归去来兮辞》："聊乘化以归尽，乐夫天命复奚疑。"

—— 宗炳（375—443），南朝宋画家。宗炳本人是一名虔诚的佛教徒，曾追随般若学大师慧远。受金刚般若学说的"见诸相非相"思辨主旨的推动，他写下了《画山水序》，开启了中国历史上山水画论的先河。

—— 谢灵运（385—433）著有《金刚般若经注》。有论者以为他可能还翻译过《金刚经》。谢注《金刚经》今仅存两则："诸法性空，理无乖异，谓之为如。会如解故，名如来。""玄关难启，善楗易开。"

415 年，《沙门不敬王者论》的作者、净土宗创始人慧远病卒于庐山东林寺，谢灵运撰《庐山慧远法师诔》一文以悼，并于"并序"中写道："予志学之年，希门人之末，惜哉，诚愿弗遂，永违此世。"以未能成为慧远的"门人"而深感遗憾。

谢灵运的诗也多有佛理，如《石壁立招提精舍诗》："四城有顿踬，三世无极已。浮欢昧眼前，沉忧贯终始。壮龄缓前期，颓年迫暮齿。挥霍梦幻顷，飘忽风雷起。

良缘殆未谢，时逝不可俟。敬拟灵鹫山，尚想祇洹轨。绝溜飞庭前，高林映窗里。禅室栖空观，讲宇析妙理。"

❂ 公元 6 世纪

—— 509 年，印度人菩提流支在洛阳翻译《金刚经》。菩提流支共翻译了两个版本。流支来华，不仅带来了《金刚经》，还带来了师徒世代相传的《金刚般若波罗蜜经论》及前三代师祖金刚仙所造的《金刚仙论》。《金刚经》的此次传入路线大体是北印→西北印→中亚→新疆→甘肃→陕西→河南。

—— 562 年左右，印度人真谛翻译《金刚经》，得到梁武帝萧衍的支持。真谛以弘道为怀，泛海南游，止于扶南国（柬埔寨）。546 年应邀来到南海（广东省南部），548 年进入京邑建业（南京）。此为《金刚经》的南传路线。真谛随身携带"未译梵本书并多罗树叶，凡有二百四十夹"，若依中文"则列二万余卷"（《续高僧传》），其中即有《金刚经》一卷。

—— 梁武帝曾请傅大士给他讲《金刚经》。傅大士上台讲《金刚经》的时候，只把戒尺拍一下，就下来了，什么话也没有说，什么经也没有讲。在武帝的请求下，傅大士作《金刚经颂》。

梁武帝大力支持佛教，被称为"佛心天子"，梁朝的文化发展极为繁华，史书评价说："自江左以来，年逾二百，文物之盛，独美于兹。"其子昭明太子萧统，英年早逝，后人托名他将《金刚经》分为三十二品，流传至今。

对梁武帝的功德，达摩曾有评论。据说两人相见，梁武帝问："朕即位以来，造寺写经，度僧不可胜记，有何功德？"达摩祖师回答说："并无功德。"梁武帝又问："何以无功德？"达摩祖师回答："此但人天小果，有漏之因，如影随形，虽有非实。"梁武帝再问："如何是真功德？"达摩祖师回答："净智妙圆，体自空寂，如是功德，不以世求。"梁武帝接着问："如何是圣谛第一义？"达摩祖师回答："廓然无圣。"梁武帝最后问："对朕者谁？"达摩祖师回答："不识。"达摩之语深得《金刚经》之义。

——590 年，印度人达摩笈多翻译《金刚经》，得到隋文帝、隋炀帝父子的支持。隋炀帝杨广据称曾经日抄《金刚经》以给父母增福添寿。这个本子是按照梵文语序一个字一个字顺下来的。译文佶屈聱牙，不堪卒读，语法与其他译本出入甚大。据《开元录》卷七记载："初，笈多翻《金刚断割般若波罗蜜经》一卷及《普乐经》一十五卷，未及练覆，值伪郑沦废，不暇重修，今卷部在京，多明八相等事。"可见笈多本原名"断割"而非"能断"，而且是"未及练覆"的未定稿。

天台宗创始人智者大师（538—597）著有《金刚般若经疏》。智者大师说："言《金刚般若》，此乃摧万有于性空，荡一无于毕竟。"

将佛经刻于岩石，始于北齐（550—577），以山东泰山石刻《金刚经》《文殊经》为代表。《泰山金刚经》是现存摩崖刻石中形制和规模最大的，被尊为"大字鼻祖""榜书之宗"。

◉ 公元 7 世纪

—— 安息人吉藏（549—623）著《金刚经义疏》。吉藏称颂《金刚经》："非云非雨德润四生，非日非月照明三界。统万行若沧海之纳众流，荡纷异若冬霜之凋百草。"但吉藏认为，包括《金刚经》在内的《般若经》，虽然和《法华经》《华严经》《涅槃经》等一样，都是具有相同内容和本质的经典，但由于《般若经》不曾明说声闻、缘觉也能成佛，因此属于不了义经。论者以为这是《金刚经》在中国流传的第一阶段，即佛教主流大多否定《金刚经》为了义经。

—— 隋大业年间（605—618），幽州智泉寺（今北京房山区）僧静琬发愿刻佛经，其中有《金刚经》等十二部。

—— 648年，玄奘翻译《金刚经》；663年，玄奘再次翻译《金刚经》。

玄奘大师翻译《金刚经》跟唐太宗李世民有关。"帝又问：'《金刚般若经》一切诸佛之所从生。闻而不谤，功逾身命之施，非恒沙珍宝所及，加以理微言约，故贤达君子多爱受持。未知先代所翻文义具不？'（玄奘）法师对曰：'此经功德，实如圣旨。西方之人，咸同爱敬。今观旧经，亦微有遗漏。据梵本具云能断金刚般若，旧经直云金刚般若。欲明菩萨以分别为烦恼，而分别之惑坚类金刚，唯此经所诠，无分别慧，乃能除断，故曰能断金刚般若。故知旧经失上二字。又如下文三问阙一，二颂阙一，九喻阙三，如是等。什法师所翻舍卫国也，留支所翻婆伽婆者少可。'帝曰：'师既有梵本，可更委翻，使众生闻之具足。然经本贵理，不必须饰文而乖义也。'故今新翻能断金刚般若，委依梵本，奏之。帝甚悦。"

玄奘大师说罗什本的"遗漏"，主要是"三问阙一，二颂阙一，九喻阙三"。所谓三问，罗什本只翻译了两问，即"善男子善女人，发阿耨多罗三藐三菩提心，应云何住？云何降伏其心？"玄奘本是"诸有发趣菩萨乘者，应云何住？云何修行？云何摄伏其心？"所谓二颂，罗什本只译了一颂，即"若以色见我，以音声求我，是人行邪道，不能见如来"。玄奘本是"诸以色见我，以音声寻我，彼生履邪断，不能当见我。应观佛法性，即导师法身，此法非所识，故彼不能了"。所谓九喻，罗什本只译了六喻，即"一切有为法，如梦幻泡影，如露亦如电，应作如是观"。玄奘本是"诸和合所为，如星翳灯幻，露泡梦电云，应作如是观"。

—— 玄奘弟子窥基（632—682）著有《金刚般若述赞》《金刚般若玄记》《金刚般若经论会释》等。

——武则天（624—705）为亡母祈福，曾让人抄写《金刚经》三千部（约670—679）。武则天为《华严经》写下作为序言的《开经偈》："无上甚深微妙法，百千万劫难遭遇，我今见闻得受持，愿解如来真实义。"因为这一偈语写得精当，后人将《大般涅槃经》的《云何梵》也作为《金刚经》的序言，并托名武则天为作者。《云何梵》曰："云何得长寿，金刚不坏身。复以何因缘，得大坚固力。云何以此经，究竟到彼岸。愿佛开微密，广为众生说。"

大臣张廷圭给武则天的上疏，其疏中多引用《金刚经》。史书记载："则天税天下僧尼出钱欲于白司马坂营建大像，张廷圭上疏谏曰：'佛者以觉知为意，因心而成。不可以诸相见也。经云："若以色见我，以音声求我，是人行邪道，不能见如来。此真如之果不外求也。……若人满三千大千世界七宝以用布施及恒河沙等身命布施，其福甚多。"若人于此经中受持及四句偈等为人演说，其福胜彼。如佛所言，则陛下倾四海之财，殚万人之力，穷山之木以为塔，极河之金以为像，劳则甚矣，费则多矣，而所获福不逾于一禅房之匹夫。菩萨作福德，不应贪着，盖有为之法不足高也。'"

—— 慧能（638—713），著有《金刚经解义》《金刚经口诀》。

据《坛经》记载，慧能是闻诵《金刚经》而开悟的。"忽有一客买柴，遂令慧能送至于官店。客将柴去，慧能得钱，却向门前，忽见一客读《金刚经》，慧能一闻，心明便悟。乃问客曰：'从何处来持此经典？'客答曰：'我于蕲州黄梅县东冯墓山礼拜五祖弘忍和尚，见今在彼，门人有千余众。我于彼听见大师劝道俗：但持《金刚经》一卷，即得见性，直了成佛。'"（注：郭朋著，《坛经校释》，中华书局1983年版。本文所引之《坛经》均出自该书）又据《坛经》记载，弘忍传法给慧能传的也是《金刚经》："五祖夜至三更，唤慧能堂内，说《金刚经》。慧能一闻，言下便悟。"

《坛经》中记载，导致弘忍将法衣不传给神秀而传给慧能的关键事件是神秀与慧能所作的两首不同的偈句。慧能凭着对《金刚经》的感悟写出了奠定他禅宗祖师地位的偈句："慧能亦作一偈，又请得一解书人，于西间壁上题着，呈自本心，不识本心，学法无益，识心见性，即悟大意。慧能偈曰：'菩提本无树，明镜亦非台。佛性常清净，何处有尘埃？'"

《坛经》中对"无住"的思想做了较详细的解说：

"善知识，我此法门，从上以来，顿渐皆立无念为宗，无相为体，无住为本。"

公元 8 世纪

—— 寒山（约 691—793），唐代诗人。其诗深具佛理，如："人以身为本，本以心为柄。本在心莫邪，心邪丧本命。未能免此殃，何言懒照镜。不念金刚经，却令菩萨病。"

—— 703 年，义净在长安翻译《金刚经》，全称为《佛说能断金刚般若波罗蜜多经》。义净本是所有中译本里用字最少的一本，一般认为该译本兼有罗什本与玄奘本的优点，是非常优秀的一个译本。当代谈锡永、罗时宪评述曰："义净译比玄奘译后出，可能因感玄奘译文欠流畅，而罗什译文欠信实，故乃重译。六译之中，其实以义净译为最佳。可惜未能流通，真令人有珠玉在前之叹！"

—— 吴道子（约 685—758），唐代画家。吴道子曾在兴唐寺画过金刚经变："次南廊，吴画金刚经变及郗后等，并自题。"

—— 王维（701—761），唐代诗人，有"诗佛"之称。其诗中多有佛理，如《终南别业》："中岁颇好道，晚家南山陲。兴来每独往，胜事空自知。行到水穷处，坐看云起时。偶然值林叟，谈笑无还期。"如《夏日过青龙寺谒操禅师》："龙钟一老翁，徐步谒禅宫。欲问义心义，遥知空病空。山河天眼里，世界法身中。莫怪销炎热，能生大地风。"如《酬张少府》："晚年惟好静，万事不关心。自顾无长策，空知返旧林。松风吹解带，山月照弹琴。君问穷通理，渔歌入浦深。"如《过香积寺》："不知香积寺，数里入云峰。古木无人径，深山何处钟。泉声咽危石，日色冷青松。薄暮空潭曲，安禅制毒龙。"

在为慧能大师撰写的碑铭中，王维称慧能"至人达观，与佛齐功"，并说"世之至人，有证于此，得无漏不尽漏，度有为非无为者，其惟我曹溪禅师乎"。

—— 李白（701—762），唐代诗人，有"诗仙"之称。李白一生寻仙求道，诗文时有佛理，如《山中问答》："问余何意栖碧山，笑而不答心自闲。桃花流水窅然去，别有天地非人间。"《听蜀僧濬弹琴》："蜀僧抱绿绮，西下峨眉峰。为我一挥手，如听万壑松。客心洗流水，余响入霜钟。不觉碧山暮，秋云暗几重。"在《答湖州迦叶司马问白是何人》一诗中，李白自称："青莲居士谪仙人，酒肆藏名三十春。湖州司马何须问，金粟如来是后身。"

—— 735 年，唐玄宗为了平衡儒、释、道三教，从三教中各选一部经典，亲自进行注释，与儒家《孝经》、道家《道德经》并列的，就是佛家的《金刚经》，张九龄祝贺说："佛法宗旨，撮在此经。人间习传，多所未悟。陛下曲垂圣意，敷演微言，幽关妙键，豁然洞达。虽臣等愚昧，本自难晓，伏览睿旨，亦即发明。是知日月既出，天下普照，诚在此也。陛下至德法天，平分儒术，道已广度其宗，僧又不违其愿，三教并列，万姓知归。伏望降出御文，内外传授。"唐玄宗答张九龄说："不坏之法，真常之性，实在此经，众为难说。且用稽合同异，疏决源流。朕位在国王，远有传法，竟依群请，以道元元。与夫《孝经》《道经》，三教无阙……"

—— 杜甫（712—770），唐代诗人。杜甫虽以儒家自任，却深通佛理，如《望牛头寺》："牛头见鹤林，梯径绕幽深。春色浮山外，天河宿殿阴。传灯无白日，布地有黄金。休作狂歌老，回看不住心。"又如《游龙门奉先寺》："欲觉闻晨钟，令人发深省。"如《江亭》："水流心不竞，云在意俱迟。"如《后游寺》："江山如有待，花柳更无私。"

—— 高适（704—765），唐代诗人，曾作诗《同马太守听九思法师讲金刚经》："吾师晋阳宝，杰出山河最。途经世谛间，心到空王外。鸣钟山虎伏，说法天龙会。了义同建瓴，梵法若吹籁。深知亿劫苦，善喻恒沙大。舍施割肌肤，攀缘去亲爱。招提何清净，良牧驻轻盖。露冕众香中，临人觉苑内。心持佛印久，标割魔军退。愿开初地因，永奉弥天对。"

公元 9 世纪

——《金刚经》三十二分基本定型，后人托名南朝梁昭明太子所为。此前《金刚经》的章节划分有多种，最早的分法是传自天竺的"七义""十八住处"，后来又有"十二分"、六章的划法，有三门、三段的划法，等等。

824 年，大书法家柳公权书写《金刚经》。敦煌文献中有拓本（P4503），题记："长庆四年四月六日，翰林侍书学士朝议郎行右补阙上轻车都尉赐绯鱼袋柳公权为右街僧录准公书。"一般以为，柳公权本纪年准确，法度森严，昭然有信。在此824年以前的均属于早期版本，无三十二分划段，不添加任何真言，不添加62字段落，字数在5040左右。《金刚经》从824年柳公权本5043字，到868年咸通本5125字，到947年寿春本5150字，到1423年朱棣本5169字，到通行本5176字，其经文字数不断增多。

—— 韩愈（768—824），唐代文学家，以排佛知名，主张"人其人，火其书，庐其居"，陈寅恪则说："退之道统之说表面上虽由孟子卒章之言所启发，实际上乃因禅宗教外别传之说所造成，禅学于退之之影响亦大矣哉！"其诗也时与佛相关，如《送僧澄观》《送惠师》《送灵师》《听颖师弹琴》，等等。饶宗颐认为，"一方面于思想上反对佛教，另一方面乃从佛书中吸收其修辞之技巧，用于诗篇"。如韩愈集中最长的一首五言古体《南山诗》，诗中连用了五十一个"或"字，实脱胎于马鸣《佛所行赞》的一段译文。

—— 刘禹锡（772—842），唐代诗人，著有《陋室铭》："山不在高，有仙则名。水不在深，有龙则灵。斯是陋室，惟吾德馨。苔痕上阶绿，草色入帘青。谈笑有鸿儒，往来无白丁。可以调素琴，阅金经。无丝竹之乱耳，无案牍之劳形。南阳诸葛庐，西蜀子云亭。孔子云：'何陋之有？'"一般以为"金经"指佛经，有说即指《金刚经》。刘之"陋室铭"可谓先知，实写千百年来国人生活美学或生活哲学。

—— 白居易（772—846），唐代诗人，有"诗魔""诗王"之称。其诗多有佛理，如"同事空王岁月深，相思远寄定中吟。遥知清净中和化，只用金刚三昧心"。其《念佛偈》流传广远："余年七十一，不复事吟哦。看经费眼力，作福畏奔波。何以度心眼，一声阿弥陀。行也阿弥陀，坐也阿弥陀。纵饶忙似箭，不废阿弥陀。日暮而途远，吾生已蹉跎。旦夕清净心，但念阿弥陀。达人应笑我，多却阿弥陀。达又作么生？不达又如何？普劝法界众，同念阿弥陀。"

白居易还有若干禅宗公案，如与鸟巢禅师问答：白居易出守杭州，谒鸟巢禅师，问曰："禅师住处甚危险。"师曰："太守危险尤甚！"白曰："弟子位镇江山，何险之有？"师曰："薪火相交，识性不停，得非险乎？"又问："如何是佛法大意？""诸恶莫作，众善奉行。"白曰："三岁孩儿也解那么道。"师曰："三岁孩儿虽道得，八十老人行不得。"白作礼而退。

—— 868年，唐懿宗咸通九年雕版印刷的一份《金刚经》，被称为咸通本。经卷首尾完整，图文浑朴凝重，刻画精美，文字古拙遒劲，刀法纯熟，墨色均匀，印刷清晰。是至今存于世的中国早期印刷品实物中唯一的一份留有明确、完整的刻印年代的印品。以咸通本为代表的中期版本开始对《金刚经》进行加工，如添加三十二分和附件，字数在5140左右。

公元10世纪

—— 宗镜，有说即为永明延寿（904—975），著有《销释金刚经科仪》。其主要思想："佛在灵山莫远求，灵山只在汝心头；人人有个灵山塔，好去灵山塔下修！""宗镜云：'只这一卷《（金刚）经》，六道含灵，一切性中，皆悉具足。盖为受身之后，妄为六根六尘，埋没此一段灵光，终日冥冥，不知不觉。'"论者以为，自唐宋至元明，佛教主流以为《金刚经》虽阐扬"空"理，却含有佛性、如来藏等"妙有"的"密意"。

—— 宋太祖赵匡胤（927—976）喜读《金刚经》，史书记载："自洛阳回京师，手书《金刚经》，常自读诵。宰相赵普因奏事见之，上曰：'不欲甲胄之士知之，但言常读兵书可也。'"后来赵匡胤曾下令让沈义伦用金银字书写《金刚经》，并召蕴法师进行讲演。

—— 977年，赵安仁在河南开封兴慈寺书写《金刚经》。

—— 宋太宗赵光义（939—997）写诗："金刚般若心，善破无明因。我佛慈悲日，祇园见法身。菩萨开慧眼，生死转为轮。五蕴皆空尽，六根不染尘。"

公元 11 世纪

——《金刚经》传到辽代。张伯端（984—1082），道教领袖，其作《悟真篇注疏·直指详说》中记载："故《金刚经》云：'若人言如来有所说法，即为谤佛。是以有言皆是谤也。今则仙翁歌咏性道亦不获已，而言之固已赘矣。此余所以不复加之解释者,不欲为画蛇添足也。惟愿猛烈高明之士,不由外得,直于自己胸中自悟自明,卓然独耀,直下承当,受用将去,不问喧静语默,酒肆花街,恁么也得,不恁么也得,头头无别,处处和谐,尽十方世界,具一只眼,出一只手,妙用纵横,四通八达,盖天盖地,随处运动而莫非真,随所施为而无不可。则知这里本来天性具足,无欠无余,拟议自弛矣,所能俱忘矣。无问无应,无思无虑,虽性之一字,抑亦用不着也。'"

—— 范仲淹(989—1052),出守鄱阳时曾得古禅师偈诗勉励:"丈夫各负冲天气,莫认虚名污自身;撒手直须千圣外,纤尘不尽眼中翳。"范仲淹还曾问道于琅琊慧觉禅师,有偈赠禅师:"连朝共话释疑团,岂谓浮生半日闲;直欲与师闲到老,尽取识性入玄关。"晚年时,范仲淹舍宅为寺,名为天平寺,并延请浮山法远禅师住持。范氏留心佛典,诵《金刚经》"辄有冥契"。其思想——"先天下之忧而忧,后天下之乐而乐""不以物喜,不以己悲""以万灵为心,以万物为体""进则尽忧国忧民之诚,退则处乐天乐道之分""不以己欲为欲,而以众心为心""爱持众同,乐与人共",深得佛典之义。

—— 张载（1020—1077），宋代理学家。张载对佛学深有研究，其援佛入理时不免指责佛法："释氏之学，言以心役物，使物不役心；周孔之道，岂是物能役心？虚室生白。""万物皆有理，若不知穷理，如梦过一生。释氏便不穷理，皆以为见病所致。庄生尽能明理，反至穷极亦以为梦，故称孔子与颜渊语曰'吾与尔皆梦也'，盖不知《易》之穷理也。""佛氏不懂天地宇宙造化之微妙，便妄臆为空。"

—— 王安石（1021—1086），罢相后闲居江宁（今江苏南京），遍读诗书，通过研习《金刚经》，深知"理穷于不可得，性尽于无所住"。王安石十分重视《金刚经》，曾经为《金刚经》作注，并给予很高的评价，王安石在《书金刚经义赠吴圭》中谈自己书写《金刚经》的用意："惟佛世尊，具正等觉，于十方刹，见无边身。于一寻身，说无量义。然旁行之所载，累译之所通，理穷于不可得，性尽于无所住，《金刚般若波罗蜜经》为最上乘者，如斯而已矣。"

王安石（又名王荆公）曾有著名的"荆公之问"，他尝问张文定："孔子去世百年，生孟子亚圣。自后绝无人，何也？"文定言："岂无？只有过孔子上者。"

公问:"是谁?"文定言:"江西马大师、汾阳无业禅师、雪峰、岩头、丹霞、云门是也。儒门淡薄,收拾不住,皆归释氏耳。"荆公欣然叹服。

王安石诗文多有佛理,如《南乡子》:"嗟见世间人。但有纤毫即是尘。不住旧时无相貌,沉沦。只为从来认识神。作么有疏亲。我自降魔转法轮。不是摄心除妄想,求真。幻化空身即法身。"

—— 苏轼(1037—1101),少年时代就开始接触《金刚经》,一生不止一次书写过《金刚经》。《夷坚志》记载:"东坡先生居黄州时,手抄《金刚经》,笔力最为得意,然止第十五分,遂移临汝。已而入玉堂,不能终卷,旋亦散逸。其后谪惠州,思前经不可复寻,即取第十六分后续书之,置于李氏潜珍阁。"

苏轼诗文中多有佛理,如前后《赤壁赋》,如《水调歌头·明月几何有》等,其《六观堂老人草书诗》:"物生有象象乃滋,梦幻无根成斯须。方其梦时了非无,泡影一失俯仰殊。清露未稀电已徂,此灭灭尽乃真吾。"

《金刚经跋尾》:"昔闻有人受持诸经,摄心专妙,常以手指作捉笔状,于虚空中写诸经法。是人去后,此写经处，自然严净，雨不能湿。凡见闻者，孰不赞叹此希有事？有一比丘独拊掌言：'惜此藏经，止有半藏。'乃知此法有一念在，即为尘劳，而况可以声求色见？今此长者，谭君文初，以念亲故，示入诸相。取黄金屑，书《金刚经》。以四句偈悟入本心。灌流诸根，六尘清净。方此之时，不见有经，而况其字，字不可见，何者为金？我观谭君，孝慈忠信，内行纯备。以是众善庄严此经，色相之外，炳然焕发。诸世间眼，不具正见，使此经法缺陷不全。是故我说，应如是见。东坡居士说是法已，复还其经。"

苏轼还有《悼朝云》诗，其诗序曰："绍圣元年十一月，戏作《朝云诗》。三年七月五日，朝云病亡于惠州，葬之栖禅寺松林中东南，直大圣塔。予既铭其墓，且和前诗以自解。朝云始不识字，晚忽学书，粗有楷法。盖尝从泗上比丘尼义冲学佛，亦略闻大义，且死，诵《金刚经》四句偈而绝。其诗云：'苗而不秀岂其天，不使童乌与我玄。驻景恨无千岁药，赠行惟有小乘祥。伤心一念偿前债，弹指三生断后缘。归卧竹根无远近，夜灯勤礼塔中仙。'"

—— 苏辙（1039—1112），宋代文学家，其《书〈金刚经〉后》中写道:"又读《金刚经》,说四果人:'须陀洹名为入流,而无所入,不入色声香味触法,是名须陀洹。'乃废经而叹曰:须陀洹所证,则观世音所谓初于闻中入流无所者耶?入流非有法也,唯不入六尘,安然常住,斯入流矣。至于斯陀含,名一往来而实无往来;阿那含,名为不来而实无不来。盖往则入尘,来则返本。斯陀含虽能来矣,而未能无往。阿那含非徒不往而亦无来。至阿罗汉则往来意尽,无法可得。然则所谓四果者,其实一法也。但历三空,有浅深之异耳。予观二经之言,本若符契,而世或不喻,故明言之。"其二经言:"如来有五眼:所瞩墙宇,远览山河,肉眼也;随其福德,见有远近,天眼也;知物皆妄,坐而转物,慧眼也;入万法,遍法界,法眼也;以慧眼转物,以法眼遍物,佛眼也。"

公元 12 世纪

——《金刚经》传到西夏。

—— 陆游(1125—1210),宋代诗人。其诗多涉佛理,比如:"放翁年来不肉食,盘箸未免犹豪奢。松桂软炊玉粒饭,醯酱自调银色茄。时招林下二三子,气压城中千百家。缓步横摩五经笥,风炉更试新山茶。""清坐了无书可读,残年赖有佛堪依。君看世事皆虚幻,屏酒长斋岂必非!"

—— 朱熹(1130—1200),宋代理学家。《朱子语类》卷一百二十六:"或问《金刚经》大意。曰:'他大意只在须菩提问云何住、云何降伏其心两句上。故说不应住法生心,不应住色生心,应无所住而生其心。'此是答云何住。又说'若胎生,若卵生,若湿生,若化生,我皆令入无余涅槃而灭度之'。此是答云何降伏其心。彼所谓降伏者,非谓欲遏伏此心,谓尽降收世间众生之心,入它无余涅槃中灭度,都教你无心了方是。"

—— 辛弃疾(1140—1207),宋代词人。其诗多有佛理,比如:"而今识尽愁滋味,欲说还休。欲说还休,却道天凉好个秋。""看灯元是菩提叶。依然曾说菩提法。法似一灯明。须臾千万灯。""众里寻他千百度。蓦然回首,那人却在,灯火阑珊处。"

公元 13 世纪

— 张即之（1186—1263），宋代书法家。1246 年，张即之书写《金刚经》，为《金刚经》书写史上的精品之一。

— 李纯甫（1177—1223），金代文学家。晚年喜佛，力探其奥义。自类其文，凡论性理及有关佛老二家者，号"内稿"，其余应物文字为"外稿"。又解《楞严》《金刚经》《老子》《庄子》。又有《中庸集解》《鸣道集解》，号"中国心学、西方文教"。

— 道元和尚（1200—1253），日本佛教曹洞宗创始人，日本佛教史上最富哲理的思想家。其名言："我是空手还乡，我在中国学到的不过是眼横鼻直而已。"

公元 14 世纪

— 赵孟頫（1254—1322），元代书法家，1305 年，赵书写《金刚经》，为《金刚经》书写史上的精品之一。

— 1340 年，湖北资福寺刻印《金刚经注》，是现存最早的多色印书。

—— 元云峤居士徐士英（生卒年不详）作《金刚经口义》，多以儒书证佛言。其解一相无相分四果之义，以杜诗证之，亦甚可喜。其说曰："第一果云，不入声色香味触法则是知欲境当避。此果之初生，如'山梨结小红'之始也。第二果云，一往来则是蹈欲境不再，此果之硕，如'红绽雨肥梅'之时也。第三果云，不来则是弃欲境如遗，此果之已熟，如'四月熟黄梅'之际也。第四果云，离欲则是去欲境已远，此果之既收，如'挂壁移筐果'之日也。以果字说经，又一一证以杜诗，亦可为诗禅也已。"

—— 明太祖朱元璋（1328—1398）多次命僧人讲习《金刚经》。明太祖洪武十年（1377），下诏令宗泐、如玘为《金刚经》《楞伽经》《心经》三经作注，颁行天下。二僧注解说："然此三经（指《心经》《金刚经》《楞伽经》）皆是究心之要，其功在乎破情显性。"

公元 15 世纪

—— 1420 年前后，永乐大钟铸成，钟唇铸《金刚经》，此晨钟暮鼓，击钟一下，字字皆声。

—— 1423 年，明成祖朱棣为《金刚经集注》作序，序文曰："朕惟佛道弘深精密，神妙感通，以慈悲利物，以智慧觉人，超万有而独尊，历旷劫而不坏，先天地而不见其始，后天地而不见其终。观之《金刚般若波罗蜜经》，盖可见矣。是经也，发三乘之奥旨，启万法之玄微，论不空之空，见无相之相。指明虚妄，即梦幻泡影而可知；推极根原，于我人众寿而可见。诚诸佛传心之秘，大乘阐道之宗，而群生明心见性之机括也。"

朱棣本为晚期版本代表，除朱棣本外，此后均添加三十二分，附件全盘添加，经文逐步定型为 5176 字；此外经文还有两处被改动：一是善现启请分第二的"应云何住"被改为"云何应住"；二是应化非真分第三十二的"发菩萨心者"被改为"发菩提心者"。

—— 明代罗钦顺（1465—1547）反佛，但是，他反复阐述佛学特别是《金刚经》的观点。"尝阅佛书数种，姑就其所见而论之。《金刚经》《心经》可为简尽。《圆觉》词意稍复，《法华》紧要指示处才十二三，余皆闲言语耳，且多诞谩。达摩虽不立文字，直指人心，见性成佛，然后来说话不胜其多。亦尝略究其始终，其教人发心之初，无真非妄。故云：'若见诸相非相，即见如来。'"

公元 16 世纪

—— 文徵明（1470—1559），明代书法家。八十多岁时，文徵明书写《金刚经》，可谓"人书俱老"。

—— 王阳明（1472—1529），明代思想家。王阳明从佛学中取法，发展出自己的思想，如"无善无恶心之体，有善有恶意之动，知善知恶是良知，为善去恶是格物"。

—— 杨慎（1488—1559），明代文学家。其诗文多有佛理，如"滚滚长江东逝水，浪花淘尽英雄。是非成败转头空，青山依旧在，几度夕阳红。白发渔樵江渚上，惯看秋月春风。一壶浊酒喜相逢，古今多少事，都付笑谈中"。

—— 吴承恩（约1500—1582），明代小说家，著有佛理深厚的长篇小说《西游记》。有人认为，其中的角色如唐僧、天上诸神、孙悟空、二郎神、如来佛，分别代表《金刚经》中所说的肉眼、天眼、慧眼、法眼和佛眼。

—— 李贽（1527—1602），明代思想家。黄宗羲记载说，（徐用检）在都门，从赵大洲讲学。礼部司务李贽不肯赴会，先生以手书《金刚经》示之，曰："此不死学问也，若亦不讲乎？"贽始折节向学。袁中道说，学佛后的李贽，"每至伽蓝（寺庙），判了公事，坐堂上，或寘名僧其间，簿书有隙，即与参论虚玄，人皆怪之，公亦不顾"。

—— 汤显祖（1550—1616），明代文学家，受佛学影响创作了有名的"临川四梦"（《紫钗记》《牡丹亭》《南柯记》《邯郸记》）。其作品多有佛理，如《光孝寺》："菩提岂无树？天竺有灵僧。色与波罗翠，香随檐卜凝。根芽初佛满，花叶几人能？密意经三绕，无劳问葛藤。"

公元 17 世纪

—— 凌濛初（1580—1644），明代文学家。其《二刻拍案惊奇》中写道"进香客莽看《金刚经》,出狱僧巧完法会分",其中谈到《金刚经》在当时社会的地位和影响——香积厨中无宿食,净明钵里少余粮。寺僧无讨奈何。内中有一僧,法名辨悟,开言对大众道:"寺中僧徒不少,非得四五十石米不能度此荒年。如今料无此大施主,难道抄了手坐看饿死不成?我想白侍郎《金刚经》真迹,是累朝相传至宝,何不将此件到城中寻个识古董人家,当他些米粮且度一岁?到来年有收,再图取赎,未为迟也。"住持道:"相传此经值价不少,徒然守着它,救不得饥饿,真是戬米囤饿杀了,把它去当米,诚是算计。但如此年时,哪里撞得个人肯出这样闲钱,当这样冷货?只怕空费着说话罢了。"

—— 傅山(1607—1684),明末清初诗人、书法家。1655 年,傅山在狱中书写《金刚经》。

—— 柳如是(1618—1664),本名杨爱,因读宋朝辛弃疾《贺新郎》中"我见青山多妩媚,料青山见我应如是",故自号如是。1638 年,20 岁的柳如是结识大诗人钱谦益,两年后,钱为其筑屋"我闻堂"。1664 年,柳如是 47 岁。立春日,83 岁的钱谦益在书斋里展开苏东坡抄录的《金刚经》，诵读一卷。四个月后，钱谦益病逝。两个月后，柳如是因不堪钱家族人逼夺财产，投缳自缢。

—— 康熙（1654—1722）两次抄写《金刚经》。

公元 18 世纪

—— 雍正（1678—1735）抄写《金刚经》。

—— 曹雪芹（约 1715—约 1763），清代文学家。其《红楼梦》中曾透露《金刚经》在当时社会的日用情形——贾母道："我的儿，你是太聪明了，将来修修福罢。我也没有修什么，不过心实吃亏，那些吃斋念佛的事我也不大干，就是旧年叫人写了些《金刚经》送送人，不知送完了没有？"凤姐道："没有呢。"贾母道："早该施舍完了才好。"

—— 袁枚（1716—1798），清代诗人。其《随园诗话》中说，金陵承恩寺僧行荦，能诗。有句云："雨晴云有态，风定水无痕。"其师阐乘有五绝云："香气透窗纱，风轻日未斜。午堂春睡起，双燕下含花。"又有句云："才展《金刚经》了了，《金刚经》夹小吟笺。"余尝云："凡诗之传，虽藉诗佳，亦藉其人所居之位分。如女子、青楼、山僧、野道，苟成一首，人皆有味乎其言，较士大夫最易流布。"

—— 纪晓岚（1724—1805），清代文学家，其《阅微草堂笔记》记载："江宁一书生，宿故家废园中。月夜有艳女窥窗，心知非鬼即狐，爱其姣丽，亦不畏怖，招使入室，即宛转相就。然始终无一语，问亦不答，惟含笑流盼而已。如是月余，莫喻其故。一日执而固问之，乃取笔作字曰：'妾前明某翰林侍姬，不幸夭逝，因平生巧于谗构，使一门骨肉如水火，冥司见谴，罚为瘖鬼。已沉沦二百余年，君能为书《金刚经》十部，得仗佛力，超拔苦海，则世世衔感矣。'书生如其所乞。写竣之日，诣书生再拜，仍取笔作字曰：'藉金经忏悔，已脱鬼趣。然前生罪重，仅能带业往生，尚须三世作哑妇，方能语也。'"

❀ 公元 19 世纪

—— 林则徐（1785—1850）曾手书《金刚经》等五种

经咒,题作"行舆日课",随身携带。其思想如"海纳百川,有容乃大;壁立千仞,无欲则刚""苟利国家生死以,岂因祸福避趋之",深得佛理。在为夫人祝寿时,林则徐写诗云:"偕老刚符百十龄,相期白首影随形。无端骨肉分三地,遥比河梁隔两星。莲子房深空见薏,桃花浪急易飘萍。遥知手握牟尼串,犹念金刚般若经。"

—— 龚自珍(1792—1841),清代诗人、思想家。有论者认为,佛学在近代中国的复兴,其风气实由龚自珍所开。龚自珍身体力行,诵经、持咒,并以知识的态度校订佛经,研读佛学的文章有四五十篇之多。他曾发誓要在八年内诵念大藏中"贞"字函《拔一切业障根本得生净土陀罗尼》五十九字真言四十九万遍,并设立记数簿,要求自己不论行站坐卧中都持诵不已。其诗多有佛理:"历劫如何报佛恩,尘尘文字以为门。""万一禅关蓦然破,美人如玉剑如虹。""落红不是无情物,化作春泥更护花。""吟罢江山气不灵,万千种话一灯青。忽然搁笔无言说,重礼天台七卷经。"

—— 魏源(1794—1857),清代思想家,受菩萨戒。魏源数登岱顶,观览摩崖石刻。《古微堂诗集》中有一首《岱山经石峪歌》,诗前有小序云:"泰山经石峪摩崖,隶书《金刚般若波罗蜜经》,字大如斗,雄逸高古,皆北齐僧安道一所书。慨六朝如此墨王,而世莫知名,但知有羲之姿媚之书。爰歌以纪之。"

—— 谭嗣同(1865—1898),深受佛学影响,举止皆有沉静无畏气概。曾有一合十照片。刘善涵在收到照片后,题写了一则《题谭壮飞太守小像》:"图中左肩(应为右肩)偏袒、右膝着地,手合十而气沉肃者,其我壮飞尊者乎?"谭嗣同之绝命诗为:"望门投止思张俭,忍死须臾待杜根。我自横刀向天笑,去留肝胆两昆仑。"

—— 梁启超(1873—1929),1899年著成《戊戌政变记》,其中评价他的战友谭嗣同,"复生之行谊磊落,轰天撼地,人人共知,是以不论;论其所学。自唐宋以后呫毕小儒,徇其一孔之论,以谤佛毁法,固不足道;而震旦末法流行,数百年来,宗门之人,耽乐小乘,堕断常见,龙象之才,罕有闻者。以为佛法皆清净而已,寂灭而已,岂知大乘之法,悲智双修,与孔子必仁且智之义，如两爪之相印。惟智也，故知即世间，即出世间，无所谓净土；即人即我，无所谓众生。世界之外无净土，众生之外无我，故惟有舍身以救众生"。此语深得佛理。

公元 20 世纪

—— 南条文雄（1849—1927），日本佛教学者。1894 年，南条文雄协助弗里德里希·马克斯·缪勒将《金刚经》翻译成英文，自此以后，《金刚经》一共出现了 12 种英文版本。1909 年，南条文雄将《金刚经》译成日文，此前日本佛教界流行中文本，自此以后，《金刚经》出版有 5 种日文版本。

—— 普朗克（1858—1947），现代物理学家。其名言："我对原子的研究最后的结论是——世界上根本没有物质这个东西，物质是由快速振动的量子组成！""所有物质都源于一股令原子运动和维持紧密一体的力量，我们必须认定这个力量的背后是意识和心智，心识是一切物质的基础。"

—— 章太炎（1869—1936），近代革命家、思想家。其思想多有佛理，如 1905 年，章太炎发表《俱分进化论》，"彼不悟进化之所以为进化者，非由一方直进，而必由双方并进，专举一方，惟言智识进化可尔。若以道德言，则善亦进化，恶亦进化；若以生计言，则乐亦进化，苦亦进化。双方并进，如影之随形，如罔两之逐影"。

—— 铃木大拙（1870—1966）。日本著名禅宗研究者与思想家。他把禅宗思想传到西方，推动了西方现代社会的变革，成为"基督禅"的先声。其名言："要想真正知道纸为何物，你自己就应当变成纸。"理查德·贝克评述称："铃木大拙只手将禅带到了西方，这个移植的历史重要性，可媲美亚里士多德和柏拉图。"

—— 黑塞（1877—1962），诺贝尔文学奖得主。黑塞著有《悉达多》，讲述释迦牟尼成佛的历程，其中有言："研究这个世界，解释它或是鄙弃它，对于大思想家或许很重要；但我以为唯一重要的就是去爱这个世界，而不是去鄙弃它。我们不应彼此仇视，而应以爱、赞美与尊重来善待世界，善待我们自身以及一切生命。"此语深得《金刚经》"无我相、人相、众生相、寿者相"之义。

—— 苏曼殊（1884—1918），近代作家，"革命和尚"。苏曼殊出家之后，有人见苏曼殊仍旧神色忧虑，便问他："披剃以来，为什么还多忧生之叹？"苏曼殊答道："今虽出家，以情求道，是以忧。"其诗多有佛理，如"契阔死生君莫问，行云流水一孤僧。无端狂笑无端哭，纵有欢肠已似冰"。临终遗言："一切有情，都无挂碍。"

—— 王国维（1877—1927），近代学者。王国维论佛教说："佛教之东适，值我国思想凋敝之后，当此之时，学者见之，如饥者之得食，渴者之得饮，担簦访道者，接武于葱岭之道；翻经译论者，云集于南北之都。"他还说："自六朝至于唐室，而佛陀之教极千古之盛矣。此为吾国思想受动之时代。然当是时，吾国固有之思想与印度之思想相并行而不相化合，至宋儒出而一调和之，此又受动之时代出而稍带能动之性质者也。自宋以后以至本朝，思想之停滞同于两汉，至今日而第二之佛教又见告矣，西洋之思想是也。""唯近七八年来，侯官严氏（复）所译之赫胥黎《天演论》出，一新世人之耳目，比之佛典，其殆摄摩腾之《四十二章经》乎？嗣是以后，达尔文、斯宾塞之名，腾于众人之口，'物竞天择'之语，见于通俗之文。"

—— 弘一大师（1880—1942），近代佛门高僧。1936年，弘一大师在病中书写《金刚经》。其临终遗言："悲欣交集。"

—— 鲁迅（1881—1936），现代思想家。鲁迅读的佛典非常多。其日记载，1914年4月18日："下午往有正书局买《选佛谱》一部，《三教平心论》《法句经》《释迦如来应化事迹》《阅藏知津》各一部。"第二天是星期天，他又去有正书局买《华严经合论》三十册、《决疑论》二册、《维摩诘所说经注》二册、《宝藏论》一册。5月15日，鲁迅再往琉璃厂文明书局买《般若灯论》《中观释论》《法界无差别论疏》《十住毗婆沙论》等。31日，又往有正书局买《思益梵天所问经》《金刚经六译》《金刚经　心经略疏》《金刚经智者疏　心经靖迈疏》《八宗纲要》……

1934年5月10日的《日记》："上午，内山夫人来邀，晤铃木大拙师，见赠《六祖坛经　神会禅师语录》合刻一帙四本，并见眉山、草宣、戒仙三和尚，斋藤贞一君。"鲁迅当时应眉山之请，特地以《金刚经》中的经句题赠眉山："如露复如电。书奉　高畠眉山师，鲁迅。"

在小说《端午节》中，鲁迅借其中人物之口说，有钱有势的人物"失了权势之后，捧着一本《大乘起信论》讲佛学的时候，固然也很是'蔼然可亲'的了，但还宝座上时，却总是一副阎王脸，将别人都当奴才看，自以为手操着你们这些穷小子的生杀之权"。

—— 爱因斯坦（1879—1955），现代思想家。爱因斯坦晚年说："像我这样相信物理的人都知道，过去、现在与未来之间的区别，只不过是持久而固执的幻觉。"

—— 马一浮（1883—1967），现代学者。其诗多有佛理，如"已识乾坤大，犹怜草木青"。其临终遗言："沤灭全归海，花开正满枝。"

—— 陈寅恪（1890—1969），现代学者。陈寅恪曾讲《金刚经》，有弟子回忆说："寅恪先生讲《金刚经》，他用十几种语言,用比较法来讲,来看中国翻译的《金刚经》中的话对不对,譬如'金刚经'这个名称,到底应该怎样讲法,那种语言是怎么说的,这种语言是怎么讲的,另一种又是怎样,一说就说了近十种。"陈寅恪说:"我偶取《金刚经》对勘一过,其注解自晋唐起至俞曲园止,其间数十百家,误解不知其数。我以为除印度、西域外国人外,中国人则晋朝、唐朝和尚能通梵文,当能得正确之解,其余多是望文生义,不足道也。"

—— 胡适(1891—1962),现代思想家。胡适考证《金刚经》在流传中曾有掩盖《楞伽经》的现象,他认为禅宗改写了历史,即神会大胆地用《金刚经》来替代《楞伽经》,使禅宗几祖都依《金刚经》传法:一、达摩大师乃依《金刚般若波罗蜜经》,说如来知见,授与慧可。……二、达摩大师云:"《金刚经》一卷,直了成佛。汝等后人,依般若观门修学。……"三、可大师……奉事达摩,经于九年,闻说《金刚般若波罗蜜经》,言下证如来知见。……四、璨禅师奉事(可大师),经依《金刚经》说如来知见,言下便悟。……五、信禅师奉事(璨禅师),师依《金刚经》说如来知见,言下便证无有众生得灭度者。……六、忍禅师奉事（信大师），依《金刚经》说如来知见，言下便证最上乘法。……七、能禅师奉事（忍大师），师依《金刚经》说如来知见，言下便证若此心有住则为非住。……八、能大师居漕溪，来住四十年，《金刚经》重开如来知见。……

胡适在其开列的最低限度的国学书目中，将《金刚经》列入其中。

—— 梁漱溟（1893—1988），现代哲学家。梁漱溟先生生病卧床时，常背诵《金刚经》，他也向周围的亲友推荐诵读《金刚经》。如劝朋友说"病中宜勤诵《金刚经》文。如不能全背诵之，则背诵其一二章节亦好，如此则杂念可减，而心境可净、可静。生死犹昼夜耳，不必在心"。

—— 宣化上人（1918—1995），现代著名高僧。在日本思想家铃木大拙的努力下，爱德华·孔兹翻译的《金刚经》在美国引起关注，成为美国和西方人接受东方禅思想的开端。宣化上人翻译的《金刚经》进一步促进了《金刚经》在美的流布。有人认为，"由于宣化对禅和《金刚经》的宣推，结合美国的寒山热打下的禅学思想基础，美国人对《金刚经》和禅的认识出现了调和本国文化的趋势。美国社会对禅的学习和体验不断与耶稣信仰融合，出现基督禅，旨在将两种宗教对人、对社会的积极因素加以利用、糅合，促人向善"。

—— 南怀瑾（1918—2012），现代学者。著有《金刚经说什么》。

—— 杰克·凯鲁亚克（1922—1969），美国小说家，"垮掉的一代"的代表作家之一。其小说《达摩流浪者》中涉及《金刚经》，"每天早上，我都会坐在摇摇椅上读《金刚经》……有一天下午，当我去到他家时，看到一杯热腾腾而使人心平气和的茶就放在这书桌上，而他则低着头，专心致志地读着中国诗人寒山子所写的诗"。"我想起了《金刚经》里的话：'当力行布施，但不要带有布施的念头，因为布施不过是个字眼罢了。'"

◉ 公元 21 世纪

—— 李劼（1955— ），当代学者。李劼认为，医治枯萎的心灵，最便捷的方法，便是诵读《金刚经》。低低的一声"请抽空诵读《金刚经》"，通常是在下送给朋友的最好礼物。至于携人到草地上诵读《金刚经》，更是一份拳拳的厚礼。

—— 2015 年，北京大学教授楼宇烈出版《中国的品格》，将《金刚经》列入中国传统的基本经典。

—— 2019 年，英国汉学家吴芳思和英国国家博物馆修复部主任马克·伯纳德合著的《寻踪敦煌古书金刚经》中文本由广西师范大学出版。目前世界纪年最早的印刷书籍是 868 年王玠印制的《金刚经》（即咸通本），由斯坦因从敦煌藏经洞携回英国。英国国家图书馆修复人员历时近四十年（1972—2010），终于使这部破烂不堪的《金刚经》印本恢复至近乎诞生时的模样。

—— 2020 年 11 月，罗林（刀郎）发布专辑《如是我闻》。罗林将《金刚经》全部谱曲唱诵。此前，《金刚经》在流行文化领域已经有王菲念诵版、蒋勋念诵版等多个音像版本。网友评论说，罗林"让《金刚经》又有了一个时尚、美丽、动听、深情的曼妙'躯体'"。

——2020年12月,本书著者为北大同学演讲"金刚经的当代性"。